0907

O BEM JURÍDICO-PENAL

**Duas visões sobre a legitimação do
Direito Penal a partir da teoria do bem jurídico**

Conselho Editorial
André Luís Callegari
Carlos Alberto Alvaro de Oliveira
Carlos Alberto Molinaro
Daniel Francisco Mitidiero
Darci Guimarães Ribeiro
Draiton Gonzaga de Souza
Elaine Harzheim Macedo
Eugênio Facchini Neto
Giovani Agostini Saavedra
Ingo Wolfgang Sarlet
Jose Luis Bolzan de Morais
José Maria Rosa Tesheiner
Leandro Paulsen
Lenio Luiz Streck
Paulo Antônio Caliendo Velloso da Silveira

A994b   Azevedo, André Mauro Lacerda.

O bem jurídico-penal: duas visões sobre a legitimação do direito penal a partir da teoria do bem jurídico / André Mauro Lacerda Azevedo, Orlando Faccini Neto. – Porto Alegre: Livraria do Advogado, 2013.

146 p. ; 23 cm.

Inclui bibliografia.

ISBN 978-85-7348-866-1

1. Direito penal - Teoria. 2. Bem jurídico - Teoria. 3. Crime de perigo abstrato. 4. Direito constitucional. I. Faccini Neto, Orlando. II. Título.

CDU 343.2.01
CDD 345.001

Índice para catálogo sistemático:
1. Direito penal: Teoria   343.2.01

(Bibliotecária responsável: Sabrina Leal Araujo – CRB 10/1507)

André Mauro Lacerda Azevedo
Orlando Faccini Neto

O BEM JURÍDICO-PENAL

Duas visões sobre a legitimação do Direito Penal a partir da teoria do bem jurídico

livraria
DO ADVOGADO
editora

Porto Alegre, 2013

©
André Mauro Lacerda Azevedo
Orlando Faccini Neto
2013

Capa, projeto gráfico e diagramação
Livraria do Advogado Editora

Revisão
Rosane Marques Borba

Direitos desta edição reservados por
Livraria do Advogado Editora Ltda.
Rua Riachuelo, 1300
90010-273 Porto Alegre RS
Fone/fax: 0800-51-7522
editora@livrariadoadvogado.com.br
www.doadvogado.com.br

Impresso no Brasil / Printed in Brazil

Agradecimentos

Agradeço, primeiramente, à minha amada esposa, Gipse, pelo apoio de sempre e pela paciência em decorrência dos longos meses que passamos distantes enquanto desenvolvia meus estudos em Lisboa.

Agradeço aos meus pais, Valmir e Maria, e ao meu irmão Rodrigo, por terem suportado, pacientemente, a minha ausência, aproveitando este momento para pedir desculpas por todo o tempo longe do agradável convívio familiar.

Agradeço ao querido Professor Doutor Augusto Silva Dias, pela sua dedicação a todos nós alunos do curso de Doutoramento em Ciências Jurídico-Criminais da Faculdade de Direito da Universidade de Lisboa, sobretudo pela cordialidade, simpatia e atenção que sempre dedicou a mim e aos demais colegas, compartilhando conosco, com toda a humildade que é peculiar aos sábios, seu vasto conhecimento em Direito Penal, e, ainda, por ter nos brindado com o belíssimo prefácio que apresenta esta obra.

Agradeço, também, ao amigo Alyrio Batista Segundo, pelo grande incentivo que me deu a tomar a decisão de atravessar o oceano e ir completar meus estudos em Portugal.

Agradeço, finalmente, ao meu grande amigo Luis Henrique Braga Gomes, amigo de infância que sempre acreditou em mim e me incentivou a lutar pelos meus sonhos.

André Mauro Lacerda Azevedo

Antes de tudo, agradeço ao Professor Doutor Augusto Silva Dias, pela gentileza em dispor de seu tempo para o prefácio dessa obra e pela generosidade intelectual com que conduziu o Seminário de Direito Penal-B, em nosso Doutoramento na Faculdade de Direito da Universidade de Lisboa.

Agradeço efusivamente ao Desembargador José Aquino Flores de Camargo, bem como aos Juízes Ricardo Pippi Schmidt e João Ricardo dos Santos Costa, sem cujo auxílio, num momento crucial, nosso caminho a Portugal far-se-ia interrompido.

Permanecer em Lisboa por quase um ano *talvez* fosse possível, mas não seria tão prazeroso, se não houvesse a Bruna. A ela, que põe cor em minha vida, um agradecimento especial.

Finalmente, registro que grande parte de nosso ânimo em aprender decorre da vontade de tentar ensinar. Assim, por esse estímulo, um agradecimento a meus alunos. A eles dedico o que me cabe neste livro.

Orlando Faccini Neto

Prefácio

O livro que tenho o gosto de prefaciar tem por base a investigação realizada pelos autores no seminário de Direito Penal-B do curso de doutoramento da Faculdade de Direito da Universidade de Lisboa cujo programa, no ano lectivo de 2011/2012, era dedicado aos temas do Direito Constitucional Penal. Os Mestres Orlando Faccini Neto e André Mauro escolheram temas de inquestionável interesse e actualidade para compreender a relação complexa entre Direito Penal e Constituição, pela qual passa uma parte significativa das concepções actuais sobre a legitimidade da intervenção penal. É dessa legitimidade que os trabalhos aqui publicados no essencial tratam, percorrendo questões tão relevantes como o sentido do princípio da protecção de bens jurídicos, a validade do perigo abstracto à luz dos princípios da ofensividade e da culpa e o alcance dos deveres estatais de protecção penal de bens jurídicos. Os autores fazem-no revelando competência e seriedade científicas, privilegiando o diálogo com outras orientações da ciência penal e apoiando-se num acervo bibliográfico considerável.

A preocupação que perpassa ambos os trabalhos é a de contribuir para o avanço de um debate que vem de trás e tem mobilizado a atenção dos penalistas das mais variadas latitudes. Numa altura em que é anunciada a crise do bem jurídico, em que este é dispensado funcionalmente do discurso penal ou em que o seu alcance legitimador é restringido a um sector do Direito Penal nuclear centrado na protecção de interesses individuais, os Mestres Orlando Neto e André Mauro procuram refundar o conceito através da sua ligação a princípios constitucionais e testar a sua capacidade de rendimento na resolução de problemas práticos. Esta via não logrará, por certo, demonstrar a validade de toda a intervenção criminalizadora, nem é esse assumidamente o propósito dos autores, mas permite recuperar um instrumento crítico das opções penais do legislador e acentua-se a influência do sistema de direitos e princípios constitucionais sobre o Direito Penal.

O resultado não é de somenos. Deste modo, torna-se possível discutir a configuração subsidiária do Direito Penal e diferenciar formas legítimas e ilegítimas de expansão do poder punitivo. Dito de um outro modo, obtém-se um critério para redimensionar o Direito Penal do Estado Democrático de Direito.

O Mestre André Mauro centra a sua análise na estrutura delitiva, relacionando-a em especial com o eixo, de recorte constitucional, formado pela ofensa ao bem jurídico e pela culpa pessoal. Ao mesmo tempo que reconhece o perigo abstracto como instrumento de realização de necessidades das sociedades modernas, o autor procede à diferenciação entre várias espécies de perigo abstracto, nem todas compatíveis com aquele eixo fundante. Por esta via, é posta em causa a ideia tradicional da homogeneidade do perigo abstracto e traçado um limite à antecipação da intervenção penal, obstando ao seu deslize para a zona administrativizante das infracções de puro risco.

O Mestre Orlando Neto, por seu turno, concentra parte substancial da sua argumentação na justificação e delimitação dos deveres de protecção penal de bens jurídicos por parte do Estado. Sem desvincular essa protecção de uma lógica de subsidiariedade e de necessidade, o autor procura situá-la entre a proibição do excesso e a proibição de insuficiência, indagando, nesta linha, a validade de imperativos constitucionais de tutela penal. O tópico que elege para analisar o problema é o da descriminalização do aborto efectuado nas primeiras semanas da gravidez, um acontecimento da história recente de Portugal e alvo de várias decisões do Tribunal Constitucional português. Até que ponto tal descriminalização representa, da parte do Estado, um incumprimento de deveres de tutela e um abandono da vida intrauterina, delegando em terceiros, designadamente na mulher grávida, a sua administração, são questões que o autor corajosamente enfrenta.

Procurei nesta breve apresentação assinalar os aspectos a meu ver mais salientes dos trabalhos publicados neste livro e em que medida eles contribuem para o enriquecimento do debate da ciência penal de hoje. Não pretendi de modo algum esgotar o elenco das matérias nele abordadas. Espero de todo o modo ter despertado a curiosidade do leitor para o livro. Se não o consegui, não é seguramente por demérito do livro, mas por falta de jeito do prefaciador.

Augusto Silva Dias
Professor da Faculdade de Direito
da Universidade de Lisboa

Sumário

O BEM JURÍDICO E OS CRIMES DE PERIGO ABSTRATO
ANDRÉ MAURO LACERDA AZEVEDO

Introdução..15

2. A necessidade de um Direito Penal do bem jurídico.....................21

    2.1. A compreensão do bem jurídico e sua legitimação a partir da norma penal..21

    2.2. O poder de decisão do legislador na escolha do bem jurídico-penal............28

        2.2.1. A discricionariedade do legislador penal e a jurisdição constitucional 28

        2.2.2. O legislador penal e os valores   32

    2.3. O bem jurídico e sua função crítica....................................35

    2.4. A lesão a interesses alheios e o *harm principle*......................42

3. Em busca da legitimação dos crimes de perigo abstrato a partir da perspectiva do direito penal do bem jurídico.............................48

    3.1. O bem jurídico e a construção dogmática dos delitos de perigo abstrato......48

    3.2. Os crimes de perigo abstrato enquanto instrumento efetivo de realização das necessidades da sociedade moderna...........................53

4. Os princípios da culpa e da precaução e os crimes de perigo abstrato.............59

    4.1. A compatibilidade entre os crimes de perigo abstrato e o princípio da culpa.59

    4.2. Princípio da precaução: um novo critério de justificação dos crimes de perigo abstrato...65

Conclusão..73

Referências..75

RELAÇÕES ENTRE O CONSTITUCIONALISMO CONTEMPORÂNEO E O DIREITO PENAL: UM ESTUDO A PARTIR DO BEM JURÍDICO
ORLANDO FACCINI NETO

Introdução..81

2. Da Constituição ao Direito Penal: uma transição possível.............83

    2.1. Os direitos fundamentais em sua dimensão objetiva: a Constituição como fonte...83

    2.2. Dos deveres de proteção aos imperativos de tutela penal, uma relação difícil...90

3. Do Direito Penal à Constituição: uma transição necessária................95
   3.1. O bem jurídico em questão................95
   3.2. Uma tentativa de legitimação constitucional da teoria do bem jurídico......102
4. Algumas objeções e algumas respostas................110
5. Tratamentos possíveis à constitucionalização do Direito Penal................117
   5.1. O caso brasileiro................117
   5.2. Aportes do Direito português: o «mau exemplo» do aborto................125
Conclusão................138
Bibliografia................140

Apresentação

Tinha razão o poeta, ao dizer que a vida é a arte do encontro, embora haja tantos desencontros pela vida. De certa maneira, a obra que o leitor tem consigo neste momento celebra um encontro que poderíamos qualificar de inusitado. Ensejou-o, contudo, uma paixão comum, que é a paixão pelo Direito Penal.

Tudo isto precisa ser melhor explicado. Não tivéssemos, cada qual a seu modo, decidido, num certo momento da vida, fazer uma espécie de parada estratégica nas atribulações que envolvem o cotidiano, para, por longos meses, permanecermos em Lisboa, provavelmente não nos teríamos conhecido, e, destarte, este livro não haveria de existir.

Sucede que ambos pretendíamos estudar, ampliando assim os horizontes jurídicos, e o curso de Doutoramento em Ciências Jurídico-Criminais, realizado em Portugal, no fim das contas permitiu que um baiano, que fez carreira de Promotor de Justiça no Rio Grande do Norte, e um paulista, que se tornou Juiz de Direito no Rio Grande do Sul, se tornassem amigos e, mais que tudo, que trocassem as suas experiências, e os seus pontos de vista, num processo que, como sabemos todos, é sempre causador de grande enriquecimento pessoal.

Engraçado mesmo isso, pois haveria de ser no Portugal de todos nós que os dois *Rios Grandes brasileiros* confluiriam para um desiderato comum, que é o do aprendizado incessante.

Durante o período alusivo à Parte Escolar de nosso Doutoramento, quando são efetivamente ministradas as disciplinas do curso, tivemos a oportunidade de encarar o Direito Penal sob uma outra perspectiva. No Brasil, com efeito, parece certo que uma espécie de padronização dos textos jurídicos veio a ensejar uma profusão de *manuais* que, cada um a seu modo, se bem que abordem os aspectos dogmáticos mais importantes, deixaram de lado a reflexão filosófica que sempre esteve presente na doutrina jurídica estrangeira. Com certa dose de tristeza, ademais, constatamos que nossas salas de aula não convocam, no geral, as discussões fundamentais empreendidas pelos grandes autores, pois muitas vezes os nossos alunos dão-se ao labor do estudo a partir de meros resumos e, nalguns casos, *resumos dos resumos!*

Que as bibliotecas de nossas faculdades estejam corriqueiramente vazias é sintoma de uma apatia que não podemos desconsiderar, se nos preocuparmos com o futuro do Direito em nosso país.

E quantas horas permanecemos nós na saudosa biblioteca da Faculdade de Direito da Universidade de Lisboa! Lá, é bom dizer, nunca estávamos sozinhos, pois que além da companhia de nossos colegas de curso – dos jovens e não tão jovens estudantes brasileiros e portugueses –, havia também os *livros*, numa tal profusão que o complemento das aulas e as pesquisas para os seminários davam-se quase que naturalmente.

É talvez o hábito quanto ao discurso que nos atribui a condição de meros *operadores* do Direito que nos afaste de um pensamento mais acabado sobre a condição do jurista na atualidade e que nos conduza a fixarmo-nos na dogmática mais simplista. No fim, contentamo-nos por buscar *respostas* aos *cases*, facilitados pelo desenvolvimento da técnica e do mundo virtual, e nos esquecemos da grandeza e da magnitude que ostenta a experiência do Direito na vida dos indivíduos e da comunidade. Deixamos, assim, de observar o fenômeno jurídico de modo mais amplo, de questioná-lo e de situarmo-nos numa história que não nos pertence, se bem que pertençamos a ela.

Deste mal hodierno, entretanto, não padecemos em Lisboa. Com o auxílio de eminentes Professores, e o diálogo sempre frutífero travado entre nossos pares acadêmicos, deixamo-nos influenciar pelo *novo*, com o deslumbramento que jamais cogitamos em perder quando nos deparamos com olhares diferentes daqueles que já tínhamos como hábito.

Numa empreitada acadêmica dessa envergadura, em que aspectos cruciais da vida pessoal são minimizados, porquanto a distância da rotina corriqueira é às vezes insuplantável, não poderíamos, de jeito algum, buscar apenas a confirmação de hipóteses eventuais que, com o tempo, já havíamos cultivado.

Noutras palavras, evitamos o risco de que nossas *certezas* nos conduzissem a uma espécie de imobilismo, em razão do qual deixaríamos a Universidade quase que ostentando a mesma condição que possuíamos ao ensejo de nosso ingresso.

Agindo assim, segundo cremos, em verdade, perderíamos a oportunidade de *aprender*; de questionar aquilo de que já nos supúnhamos sabedores; de refinar as nossas razões, ainda que fossem para contrariar aquilo que se nos afigurasse equivocado ou obsoleto. Em suma, deixaríamos de progredir.

Como, porém, ampliamos no que era possível o âmbito de nossas pesquisas, pareceu-nos que, com a consciência evidente de que muito há por vir, era caso de dar a conhecer ao leitor brasileiro alguns pontos em comum de nossas reflexões. Daí a nossa tentativa, na reunião destes textos, de *alargar o olhar* com que se pode analisar o bem jurídico-penal.

Numa das disciplinas de nosso curso de Doutoramento, com efeito, foram desenvolvidos seminários tendentes a analisar as relações possíveis entre a dogmática penal e os princípios constitucionais. O tema, sabemos, propicia diversas leituras, e seriam variadas as formas com que o poderíamos abordar.

Desde o enfoque conducente à contenção da atividade estatal, trabalhada por alguns de nossos colegas, até os instigantes reflexos de uma concepção *multiculturalista*, para fins de caracterização ou exclusão de certos tipos de crimes, tudo isto situar-se-ia no espaço de nossa disciplina, e renderia discussões não menos importantes do que aquelas que pretendemos suscitar.

No entanto, é de algum modo notável que a quadra atual da doutrina brasileira tem, com exceções raras, associado ao Direito Penal uma espécie de *vilania*. E isto vai asseverado a partir de uma certa perspectiva pela qual a deslegitimação da atuação penal do Estado não se fez esconder. Fruto, talvez, da circunstância de o processo de criminalização, e mesmo o sistema penal como um todo, estar mais apto, na atualidade, a atingir setores que se viam infensos aos seus escopos – o que não elidiria um certo *elitismo* –, a verdade é que a categoria dogmática do bem jurídico-penal, em nosso país, a rigor não ultrapassou, em termos de capacidade de rendimento, um ponto de vista que se reduza à pura *crítica*.

Não o afastamos, é certo. Todavia, diante de asserções teóricas por via das quais a manutenção do bem jurídico seria até mesmo desnecessária, como justificativa do processo de tipificação de condutas, estamos em acordo quanto à necessidade de, no Brasil, serem revigoradas as discussões a respeito do âmbito de necessidade da tutela penal, em ordem a que o Direito Penal adquira efetivamente uma nova roupagem, adequada a uma realidade contemporânea que já não é mais possível olvidar.

Parece-nos, assim, que a doutrina penal brasileira acabou deixando ao largo o real sentido e finalidade do direito penal, que, antes de tudo, é um direito de proteção de bens jurídicos, constituindo-se, assim, num verdadeiro instrumento de promoção da liberdade e do bem comum. O Direito Penal, portanto, longe de representar uma espécie de *vilania*, seria, ao contrário, um dos mais importantes mecanismos estatais de proteção do homem, indispensável, pois, à consolidação dos valores ético-sociais vigentes numa determinada sociedade.

Poderíamos dizer que os dois textos que compõem este livro partem deste mesmo ponto comum, não obstante cada qual siga um trajeto diferente, no que concerne a seu desenvolvimento. Seja a partir de uma legitimação que se situe no âmbito da ordem constitucional, e que, destarte, aluda ao campo do jurídico, mas com *limites* e *imposições* à atividade legislativa, seja com a perspectiva de legitimação de um Direito Penal pautado no reconhecimento de uma ordem de *valores* indispensáveis à vida digna, que represente a autorrealização do homem no mundo, e, portanto, merecedora de uma maior proteção pelo Estado, o certo é que, aqui, o leitor encontrará um esboço de teoria sobre o bem jurídico que, apesar de reconhecidamente inacabado, não deixará de revelar uma firme crença no Direito Penal, o que se poderia dizer tratar-se, em suma, de uma firme crença no Direito.

Que a dogmática do bem jurídico careça de melhores acabamentos é uma dúvida que não temos, mormente no Brasil, em que, repetimos, foi a partir do bem jurídico que se construiu toda uma teoria tendente a deslegitimar o Direito Penal, sobretudo quando sua incidência passou a açambarcar condutas praticadas pelas classes dominantes; nossa tentativa é contribuir para o debate, preconizando, sim, limites inequívocos para a atuação penal do Estado, mas sem deixar de lado que, num mundo de homens imperfeitos, nenhum sistema jurídico pode abidicar de estabelecer, em favor de certos interesses, a proteção decorrente da tipificação penal. Fazê-lo, à luz de uma revigorada teoria do bem jurídico, sobre o qual, nesta obra, lançamos nossos olhares, será sinal de reverência à *democracia*.

Os autores.

O bem jurídico e os
crimes de perigo abstrato

ANDRÉ MAURO LACERDA AZEVEDO

Sumário: Introdução; 2. A necessidade de um Direito Penal do bem jurídico; 2.1. A compreensão do bem jurídico e sua legitimação a partir da norma penal; 2.2. O poder de decisão do legislador na escolha do bem jurídico-penal; 2.2.1. A discricionariedade do legislador penal e a jurisdição constitucional; 2.2.2. O legislador penal e os valores; 2.3. O bem jurídico e sua função crítica; 2.4. A lesão a interesses alheios e o *harm principle*; 3. Em busca da legitimação dos crimes de perigo abstrato a partir da perspectiva do direito penal do bem jurídico; 3.1. O bem jurídico e a construção dogmática dos delitos de perigo abstrato; 3.2. Os crimes de perigo abstrato enquanto instrumento efetivo de realização das necessidades da sociedade moderna; 4. Os princípios da culpa e da precaução e os crimes de perigo abstrato; 4.1. A compatibilidade entre os crimes de perigo abstrato e o princípio da culpa; 4.2. Princípio da precaução: um novo critério de justificação dos crimes de perigo abstrato; Conclusão; Referências.

INTRODUÇÃO

O direito penal moderno vem sofrendo duras críticas de parte da doutrina, dentre as quais a de que deveria assentar sua base de legitimação somente naquelas incriminações voltadas à proteção de bens jurídicos individuais, deixando-se de fora a intervenção penal que transcenda essa visão egocentrista, como no caso dos crimes de perigo abstrato e daquelas incriminações que protegem bens jurídicos coletivos.

A respeito dessa crítica, o primeiro argumento que levantaremos é o de que a intervenção penal denominada clássica não seria suficientemente capaz de preservar o meio ambiente equilibrado para as gerações futuras, tampouco proteger a saúde pública ou a segurança rodoviária, apenas para citar alguns exemplos.

Não podemos deixar de levar em consideração, também, que a própria classificação dos bens jurídicos em coletivos[1] e individuais fornece graves problemas, não se mostrando, na prática, constituírem conceitos de fácil compreensão, uma vez que há bens jurídicos coletivos que podem ser individualizáveis, enquanto há bens jurídicos individuais que constituem verdadeiros bens institucionais.[2] Por outro lado, há bens jurídicos que são classificados como coletivos quando, na realidade, indeterminados seriam apenas os seus titulares,[3] e não o bem em si mesmo, como ocorre com a saúde pública.[4]

Além disso, em se tratando de bem jurídico coletivo, a depender da intensidade e direção do ataque, podemos identificá-lo como delito de lesão – considerando-se o ataque ao próprio bem – ou como crime

---

[1] Os bens jurídicos coletivos possuem as seguintes características: não exclusão (*Nicht-Ausschliessbarkeit*) do uso, não rivalidade (*Nicht-Rivalität*) no consumo e não distributividade (*Nicht-Distributivität*). Cf. HEFENDEHL, Roland. El bien jurídico como eje material de la norma penal. Tradução de María Martín Lorenzo. In: *La Teoría del Bien Jurídico: fundamento de legitimación del derecho penal o juego de abalorios dogmático?* Madrid: Marcial Pons Ed., 2010. p. 179-196.

[2] Sobre esta distinção, citando como exemplo de bem individual institucional, a honra, e como bem coletivo individualizável, o meio ambiente e os contingentes sociais ou estatais consumíveis, SCHÜNEMANN, Bernd. "O direito penal é a ultima ratio da proteção de bens jurídicos!" Tradução de Luiz Greco. *Revista Brasileira de Ciências Criminais*, São Paulo, n. 53, mar-abr. 2005, p. 24; também percebemos o tom crítico quanto às classificações tradicionais dos bens jurídicos em SCHÜNEMANN, Bernd. "El principio de protección de bienes jurídicos como punto de fuga de los límites constitucionales de los tipos penales y de su interpretación". Tradução de María Martín Lorenzo. In: *La teoría del bien jurídico: fundamento de legitimación del derecho penal o juego de abalorios dogmático?* Madrid: Marcial Pons, 2007, p. 202 e segs.

[3] SILVA DIAS, Augusto. "Entre comes e bebes: debate de algumas questões polêmicas no âmbito da proteção jurídico-peal do consumidor (a propósito do Acórdão da Relação de Coimbra de 10 de Julho de 1996)". *Revista Portuguesa de Ciência Criminal*, Coimbra, n. 4, 1998, p. 535.

[4] Saúde pública considerada como somatório da saúde de cada indivíduo: SCHÜNEMANN, 2005, p. 26; GRECO, Luis. "Princípio da ofensividade e crimes de perigo abstrato". *Revista Brasileira de Ciências Criminais*, São Paulo, v. 49, jul-ago, 2004, p. 117; em sentido contrário: SILVA DIAS, 1998, p. 533; a parte especial do direito penal alemão dividiu os bens jurídicos em duas categorias: bens jurídicos individuais (crimes contra a propriedade, etc.) e bens jurídicos universais (crimes contra o Estado), inserindo nesta conceituação a ideia de "globalidade de cidadãos" e "valores importantes da comunidade". Cf. NAUCKE, Wolfgang. "Introdução à parte geral do direito penal". Tradução de Augusto Silva Dias. In: *Estudos Monográficos I*. Lisboa: A.A.F.D.L., 1989, p. 23-24.

de perigo, quando, ao contrário, tomemos em consideração o perigo que representa tal ataque a bens jurídicos individuais.[5]

Não obstante, o direito penal contemporâneo é também um direito penal do bem jurídico,[6] alinhado às novas pautas da sociedade, preocupado em proteger aqueles bens indispensáveis ao livre desenvolvimento do indivíduo, como também aqueles necessários a uma "próspera vida em comum",[7] de modo que a crítica deveria, assim o pensamos, voltar seu centro de gravidade não à própria concepção da denominada neocriminalização, mas sim aos seus excessos e desacertos.

O bem jurídico tem por função estabelecer limites à decisão do legislador em definir novas incriminações e ainda servir de critério de interpretação dos tipos penais. Daqui retiramos que a teoria do bem jurídico estabelece um marco e um limite à liberdade de legislar,[8] tendo como ponto inicial a exigência de um referente pessoal na proteção penal, e, como limite, o fundamento de validade da escolha, pelo legislador, daqueles bens relevantes ao convívio social e, por isso, merecedores de proteção.

Ocorre, todavia, que um interesse elegido como bem jurídico não pode ser tido como legítimo, caso não represente algum valor ou interesse social relevante. Um exemplo dessa hipótese são os crimes de mera desobediência[9] de regras administrativas, que a não ser pela

---

[5] Neste sentido: MENDOZA BUERGO, Blanca. *Límites dogmáticos y político-criminales de los delitos de peligro abstracto*. Granada: Comares, 2001, p. 12-13.

[6] A proteção dos animais contra crueldade, como um modelo de incriminação em que não haveria bem jurídico tutelado, consistindo numa espécie de "dado fundamental de titularidade ou do indivíduo, ou da coletividade", mas que nem por isso alguém deixaria de entendê-la como legítima, mesmo não afetando "qualquer esfera individual", podemos constatar em GRECO, 2004, p.108; defendendo a teoria liberal do bem jurídico: MUSCO, Enzo. *Bene Giuridico e tutela dell'onore*. Milão: Dott. A. Giuffrè Editore, 1974, p. 59-60, (nossa tradução), quando afirma que "é absolutamente necessário, ao fim de uma clara compreensão do bem jurídico, partir de uma análise dos pressupostos jurídico-político da doutrina do crime como violação do direito subjetivo. Como é conhecido, esta teoria representa a tradução e aplicação, à nível do direito penal, da instância iluminista e da ideia do contrato social"; Sentido contrário a esta concepção individualista: SCHÜNEMANN, Bernd. "Sobre la dogmática y la política criminal del derecho penal del medio ambiente". Tradução de Mariana Sacher. In: *Temas actuales y permanentes de derecho penal*. Madrid: Editora Tecnos, 2002, p. 220 e segs.

[7] SCHÜNEMANN, 2007, p. 208; posição semelhante, ao defender a concepção de que o direito penal não se opõe à proteção de bens jurídicos universais, ou seja, aqueles bens da comunidade: KINDHÄUSER, Urs. *Derecho penal de la culpabilidad y conducta peligrosa*. Tradução de Claudia López Díaz. Bogotá: D'Vinni Editores, 1996, p. 69.

[8] Sobre o problema da limitação do poder punitivo e liberdade no desenvolvimento de política criminal, Cf. PALMA, Maria Fernanda. *Direito Constitucional Penal*. Coimbra: Almedina, 2011, p. 73 e segs.

[9] Sobre os crimes de desobediência, Cuesta Pastor os classifica como espécie de delitos obstáculo, de caráter puramente formal, onde se pode mesmo supor estarmos diante de uma hipótese de

simples afirmação da vigência da norma, não é possível se identificar nenhum bem jurídico pessoal como objeto de proteção.

A teoria do bem jurídico, então, tem como função a de permitir a satisfação de um interesse preponderante[10] numa determinada sociedade. Esse interesse é que possibilita fornecer um equilíbrio entre o que se protege e o que se está a sacrificar. Neste equilíbrio entre *proteção x sacrifício* deve-se eleger somente aqueles interesses que, de fato, representem o mínimo necessário à convivência social. O bem jurídico é, então, centro de legitimação do direito penal, estabelecendo os parâmetros de intervenção estatal na liberdade, firmando, assim, os fundamentos da intervenção penal e servindo de marco interpretativo quanto à legitimidade ou não dos tipos penais.[11]

Tomando-se a questão ambiental como exemplo, não acreditamos numa efetiva proteção do meio ambiente sem que se recorra à intervenção penal, pois somente uma interferência estatal rigorosa contaria com a capacidade necessária para conferir tal *standard* de proteção[12] aos bens ecológicos,[13] que, pela sua importância para esta e próximas gerações, não poderiam ficar de fora da tutela penal.

Nesse ponto, corroboramos com Schünemann quando critica aquilo que denomina de *reductio ad absurdum* proposto pelos defensores da teoria pessoal do bem jurídico. Pensamos, ainda, que uma valorização do indivíduo em detrimento do coletivo não apenas re-

---

"peligro del peligro". Cf. CUESTA PASTOR, Pablo. *Delitos obstáculo: tensión entre política criminal y teoría del bien jurídico*. Granada: Comares, 2002, p. 44; mesmo sentido: Birnbaum, quando critica a concepção artificial de bens jurídicos, em que o legislador penal criminaliza comportamentos sem que haja uma correlação com lesão a direitos, citando, como exemplo, um pretendido "direito de obediência". Cf. BIRNBAUM, Johann Michael Franz. *Sobre la necessidad de una lesión de derechos para el concepto de delito*. Tradução de José Luis Guzman Dalbora. Buenos Aires: Julio César Faíra, 2010, p. 50-52.

[10] CUELLO, Joaquín. "Presupuestos para una teoría del bien jurídico protegido en derecho penal". *Anuario de Derecho Penal y Ciencias Penales*, Madrid, n. 3, 1981, p. 465.

[11] SCHÜNEMANN, Bernd. El principio de protección de bienes jurídicos como punto de fuga de los límites constitucionales de los tipos penales y de su interpretación. Tradução de María Martín Lorenzo e Mirja Feldmann. In: *La teoría del bien jurídico: fundamento de legitimación del derecho penal o juego de abalorios dogmático?* Madrid: Marcial Pons, 2007, p. 198.

[12] Sobre o assunto, SCHÜNEMANN, 2002, p. 208 afirma que a ameaça global deve impulsionar uma reformulação do contrato social, bem como das próprias garantias constitucionais que protegem os indivíduos, a fim de albergar, também, a proteção das futuras gerações; FIGUEIREDO DIAS, Jorge de. "O direito penal entre a 'sociedade industrial' e a 'sociedade do risco'". In: *Estudos em homenagem ao Prof. Doutor Rogério Soares*. Coimbra: Coimbra editora, 2001, p. 612; posição contrária: HASSEMER, Winfried. "A preservação do meio ambiente através do direito penal". In: *Lusiada: Revista de Ciência e Cultura. I Congresso Internacional de Direito do Ambiente da Universidade do Porto*. Porto: Invulgar, 1996, p. 325, ao defender que o direito penal ambiental é uma espécie de "direito penal simbólico", não servindo, portanto, para a proteção efetiva de bens jurídicos; contra esta posição: KINDHÄUSER, 1996, p. 87.

[13] SCHÜNEMANN, 2002, p. 220.

presentaria um modelo de direito penal egoísta, como também sequer realizaria uma efetiva e abrangente proteção de bens jurídicos.[14] A crítica desenvolvida pelos partidários da teoria pessoal do bem jurídico coloca o direito penal dividido entre o horizonte político-criminal liberal e antiliberal, centrando neste último todo um argumento contrário à sua legitimidade, por constituir um modelo de direito penal e processual penal supostamente violador das garantias fundamentais, fundado predominantemente no risco e, inclusive, capaz de converter-se numa espécie de direito penal do inimigo.[15] Esse cenário dramático, todavia, parece se dissipar com um olhar mais atento ao direito penal contemporâneo, que de longe representa um maior respeito às diferenças e mais ajustado às necessidades relevantes da sociedade moderna.

Essa evolução do direito penal, da qual não pode distanciar-se a própria evolução da teoria do bem jurídico, reside no fato de que a racionalidade da concepção de bem jurídico se vincula ao atual estádio político-social de uma determinada sociedade.[16] Assim, avançando uma determinada sociedade, há que avançar o direito penal e a própria teoria do bem jurídico, que se encontra "diretamente relacionada com a configuração da sociedade".[17] Queremos dizer, com isso, que o direito penal deve estar aberto às transformações sociais, sendo a teoria do bem jurídico o epicentro dessa dinâmica transformativa, que evolui de forma alinhada às mudanças políticas, devendo sempre

---

[14] SCHÜNEMANN, "Consideraciones críticas sobre la situación espiritual de la ciencia jurídico-penal alemana". *Anuario de Derecho Penal y Ciencias Penales*, Madrid, n. 3, jan-abr. 1996, p. 194-195; sobre as três funções do mundo de vida, que transcenderiam a perspectiva individual, quais sejam, "propagação das tradições orais", "integração de grupos por normas e valores" e a "socialização das gerações vindouras", Cf. HABERMAS, Jürgen. *O discurso filosófico da modernidade*. Tradução de Ana Maria Bernardo, José Rui Meirelles Pereira [*et. al.*]. Lisboa: Publicações Dom Quixote, 1990, p. 279; em 25 de junho de 1969 surge a primeira lei alemã que descriminalizou condutas com caráter nitidamente paternalistas, dentre elas a sodomia, homossexualismo e o adultério, como podemos verificar em HASSEMER, Winfried, "La ciencia jurídico penal en la República Federal Alemana". Tradução de Hernán Hormazábal Malarée. *Anuario de derecho penal y ciencias penales*. Madrid, v. 1, n. 46, jan-abr. 1993, p. 57.

[15] MÜSSIG, Bernd. Desmaterialización del bien jurídico y de la política criminal. Tradução de Manuel Cancio Meliá e Enrique Pañaranda Ramos. *Revista de Derecho Penal Y Criminología*, Madrid, n. 9, 2002, p. 170.

[16] "O Código Penal do império tornava claro através da organização da parte especial que o bem jurídico Estado devia ocupar o lugar mais elevado. Esta concepção modificou-se mais tarde na República de Weimar a favor do bem jurídico pessoa como valor superior. O III Reich inverteu de novo esta relação. A lei fundamental reviu-a em benefício do bem jurídico pessoa. Actualmente, nas discussões para fortalecer o Direito Penal do Ambiente e o Direito Penal Económico, revela-se de novo a inclinação para acentuar os bens jurídicos que assistem à totalidade dos cidadãos – ao Estado. A racionalidade do conceito de bem jurídico não vai além da racionalidade das evoluções políticas actuais". Cf. NAUCKE, 1989, p. 33, tradução de Augusto Silva Dias.

[17] MÜSSIG, op. cit., p. 171-172.

O BEM JURÍDICO-PENAL

buscar, como fundamento axiológico e elemento de racionalidade, a proteção dos seres humanos.

Por outro lado, a atuação do direito penal na tutela do meio ambiente e de outros interesses da coletividade há que se pautar num certo *standard* de potencialidade lesiva, além da insuficiência de outros instrumentos de controle, para que se faça legítima à luz da teoria do bem jurídico.

Assim, mesmo na proteção dos denominados bens ecológicos, não deve ser considerado crime o fato de simplesmente poluir, sob pena de que toda a ação geradora de certo grau de poluição (automóveis movidos por combustível fóssil, indústrias químicas, minas de cobre etc.), mesmo sendo inofensiva se individualmente considerada, seja simplesmente criminalizada de forma generalizada.[18]

Há que se estabelecer, previamente, uma espécie de fronteira entre o inócuo e o potencialmente lesivo, levando-se em consideração a violação de regras sérias de prevenção, bem como a contribuição de cada conduta à aproximação do equilíbrio ambiental *ex ante* ao limiar do dano[19] *ex post*, que constituiria marco limitador à conversão de um comportamento, antes inofensivo, por se enquadrar num certo padrão de tolerância, numa conduta possuidora de idoneidade para lesionar um interesse público vital.[20]

Essa é apenas uma das questões que envolvem o direito penal contemporâneo, caracterizado por um modelo de intervenção penal que se pauta numa proteção ampla da pessoa, através da inclusão de bens jurídicos supraindividuais e da introdução crescente dos crimes de perigo abstrato.

Procuraremos, ao longo deste trabalho, não apenas refutar as críticas que recaem sobre a denominada neocriminalização, mas, sobretudo, tentar construir um discurso de legitimação capaz de demonstrar que, mesmo nas hipóteses de crime de perigo abstrato e na tutela de interesses coletivos, ainda assim poderemos identificar a presença de um direito penal de proteção de bens jurídicos.

---

[18] FEINBERG, Joel. *Harm to others: the moral limits of the criminal law.* Oxford: Oxford University Press, 1986. 1v, p. 227.

[19] Podemos ver em FEINBERG, 1986, p. 229 a construção completa destes requisitos à criminalização do dano ambiental.

[20] A administração vai estabelecer regras mínimas de segurança ambiental, de modo que restará ao direito penal, atuando subsidiariamente, proibir as condutas que ultrapassem o limite de suas cotas de poluição permitidas, previamente estabelecidas pela autoridade administrativa. Este pensamento podemos extrair de FEINBERG, 1986, p. 230: "Only by determining whether its contribution to the accumulation of certain gases and materials in the ambient air is more than its permitted share".

2. A NECESSIDADE DE UM DIREITO PENAL DO BEM JURÍDICO

2.1. A compreensão do bem jurídico e sua legitimação a partir da norma penal

O estudo do bem jurídico deve iniciar-se, assim o pensamos, pela adequada compreensão de sua formação, a fim de tornar possível, mais adiante, extrairmos o resultado que reputamos mais adequado no que tange à legitimação do direito penal a partir da teoria do bem jurídico. Para alcançarmos uma argumentação dessa dimensão, é preciso debater a própria formação da norma jurídica.

O bem jurídico, então, pode ser conceituado de duas maneiras distintas: a partir do seu aspecto dogmático ou através da sua dimensão político-criminal. No que tange ao seu conceito dogmático, isto é, aquele voltado para o interior do sistema, toda e qualquer norma penal protegerá algum bem jurídico.[21] Desse modo, mesmo se houvesse uma norma genérica determinando a proibição de se violar os padrões comportamentais éticos vigentes numa dada sociedade, ainda assim poderíamos nela identificar algum bem jurídico.[22]

Não obstante, a hipótese acima traduz uma forma de incriminação que não se legitimaria dentro do direito penal democrático em razão da sua generalidade, da ausência de uma tutela de valores mínimos essenciais à vida digna, do alto grau de abstração e, finalmente, da sua flagrante imprecisão. Importa, então, encontrarmos uma conceituação de bem jurídico que se ajuste àquela perspectiva político-criminal, cuja validade esteja voltada à necessidade de proteção e capacidade de limitação do poder discricionário do legislador em proibir ou não um determinado comportamento. Nessa análise, tomaremos como ponto de partida o estudo da própria norma penal, a partir da compreensão e identificação dos interesses ético-sociais capazes de serem elevados à categoria de bem jurídico-penal.

O início desta nossa busca do horizonte axiológico do direito penal parte, necessariamente, do estudo da norma penal, daí acreditarmos ser pertinente trazermos à tona a conceituação proposta por Mayer, que foi muito bem delineada por Armin Kaufmann, ao defen-

---

[21] Cf. GRECO, Luis. "Princípio da ofensividade e crimes de perigo abstrato". *Revista Brasileira de Ciências Criminais*, v. 49, jul-ago. 2004, p. 92.

[22] Caso a norma penal, por exemplo, disciplinasse a proibição de se lesionar a constituição e os valores nela afirmados, encontraríamos na própria efetividade constitucional o bem jurídico subjacente a tal incriminação.

O BEM JURÍDICO-PENAL

der que a norma jurídico-penal acabaria por ter como seu pressuposto uma "norma cultural" que, por sua vez, teria como precedente, os "interesses" sociais.[23]

Tentaremos, então, seguir as pegadas de Armin Kaufmann na busca por este fundamento das normas penais, o que significa debruçarmos sobre a análise da norma de cultura proposta por Mayer, a fim de encontrarmos o pré-requisito axiológico de fundamento da norma penal. Nesse caminho, traremos para o centro da discussão a noção de que o delito consiste na tipificação legal de uma norma cultural reconhecida pelo Estado,[24] de modo que o crime, em última análise, configuraria um comportamento humano em contradição com essa norma de cultura juridicamente reconhecida.[25]

Não obstante, o caminho para se chegar a tal conclusão não é tão simples assim, razão pela qual devemos nos atentar aos detalhes dessa jornada, que parte da unidade cultural até chegar-se, finalmente, ao reconhecimento dos interesses gerais através da legislação penal. Além disso, é preciso deixar claro que defendemos a construção de um direito penal de concepção liberal, que se apresenta de certo modo distante de alguns dos postulados comunitaristas em que se funda a concepção que desenvolveremos adiante. Não queremos com isso dizer que seja impossível a compatibilização entre liberalismo e comunitarismo, cuja separação pode até mesmo ser compreendida como uma espécie de afastamento reducionista,[26] servindo esse nosso alerta para afastar qualquer dúvida sobre a posição à qual nos filiamos neste trabalho.

Seguindo, então, na nossa análise, cultura é resultado de uma obra humana, de modo que sua vinculação aos interesses, necessidades e desenvolvimento da própria sociedade que a cria faz dela um conceito de valor.[27] A partir desta primeira constatação, Mayer avança para dizer que essa sociedade, como fonte de cultura, composta por

---

[23] KAUFMANN, Armin. *Teoria da norma jurídica*. Rio de Janeiro: Editora Rio, 1976, p. 97-138; já podemos encontrar este pensamento de que o direito existe para o homem, identificando bem jurídico com interesse juridicamente protegido que, porém, não é criado pelo direito, mas "criado pela vida", em LISZT, Franz von. *Tratado de derecho penal*. 2ª ed. Tradução de Luis Jiménes de Asúa. Madrid: Editorial Reus, 1927. v2, p. 2.

[24] MAYER, Max Ernst. *Derecho penal: parte general*. Tradução de Sergio Politoff Lifschitz. Buenos Aires: B de F, 2007, p. 71.

[25] MAYER, 2007, p. 47.

[26] Para melhor compreensão, Cf. AUBENQUE, Pierre. Aristóteles era comunitarista? Tradução de Agemir Bavaresco (UCPel) e João Hobbus (UFPel). *Dissertatio Revista de Filosofia*, Pelotas, n. 19-20, 2004.

[27] MAYER, 2007, p. 49.

uma pluralidade de pessoas, há que ser pensada como unidade.[28] Essa unidade, contudo, deve formar-se através da vinculação espaço-tempo ou pela busca de fins comuns, convertendo-se numa espécie de "comunidade de interesses".

A partir da unidade cultural fundada em interesses comuns, é preciso seguir adiante, a fim de encontrar meios e fórmulas para assegurar a manutenção e concretização desses mesmos interesses. Isso se dá justamente através da organização da própria sociedade, em que o papel do Estado e do Direito é fundamental para o fortalecimento da unidade sociocultural.

O que é valioso para uma sociedade coincide exatamente com aquilo que se destina à satisfação de um interesse comum. É aqui que sociedade e cultura se harmonizam, de modo que os interesses somente se converterão em bens jurídicos, em razão do seu valor social, ou seja, quando for necessário, à sociedade, conceder-lhe proteção, chamando nossa atenção o fato de que, desde a formação do bem jurídico, já não partimos de uma concepção individualista,[29] mas sim de um conceito de natureza coletiva. Contudo, ainda não definimos por completo o componente axiológico da norma penal, eis que ainda se mostram necessários mais alguns passos.

A manutenção da cultura de um povo, conforme já afirmamos, deriva de certa organização complexa da sociedade através do Estado e do Direito. O que ainda não dissemos, todavia, é que a consolidação dessa organização tem por finalidade o reconhecimento dos interesses comuns e da própria existência da sociedade.[30] E nesse processo de consolidação, indubitavelmente, há que se convocar a norma penal.

As normas de cultura consistem, portanto, em proibições ou mandamentos através dos quais se busca a preservação de interesses comuns.[31] Contudo, a generalidade e multiplicidade de interesses, somados a pouca ou nenhuma força coercitiva, não são suficientemente capazes de proteger esses interesses gerais expressados pelas normas de cultura, daí a necessidade da intervenção penal na complementação da proteção da unidade sociocultural de uma determinada sociedade.

---

[28] Para MAYER, 2007, p. 50, a sociedade seria uma comunidade de interesses ou, mais detalhadamente, "uma pluralidade de pessoas que, em razão de terem um interesse comum, pode ser pensada como unidade".

[29] ESER, Albin. "Sobre la exaltación del bien jurídico a costa de la víctima". Tradução de Manuel Cancio Meliá. *Cuadernos de Conferencias y Artículos*, Bogotá, n. 18, 1998, p. 23-24.

[30] MAYER, 2007, p. 54.

[31] MAYER, 2007, p. 55.

A intervenção estatal por meio das normas jurídicas é compreendida por Mayer como o reconhecimento da norma de cultura pelo Estado. Contudo, esse reconhecimento não se faz de modo automático, mas sim através de um processo de "seleção, formação e tutela das normas de cultura".[32] Portanto, o legislador penal haverá que filtrar, dentre os múltiplos interesses sociais divergentes, elegendo-se aqueles que realmente representem essa unidade cultural.[33] A partir daí, estabelecer-se-á a necessária intervenção por meio do direito penal, convertendo-se a norma de cultura em norma penal de proteção de bens jurídicos. O delito, portanto, não deve constituir um mero produto do arbítrio do legislador, mas, antes disso, o reconhecimento jurídico dos valores ético-sociais vigentes numa determinada sociedade.

O reconhecimento das normas de cultura pelo direito penal necessita, portanto, passar por um exigente e adequado filtro legislativo, a fim de não só elegerem aqueles interesses gerais essenciais, cuja intervenção penal se mostre necessária e inevitável, mas, também, garantir a harmonização da tutela penal com a proteção do ser humano.

Compreendida essa construção das normas de cultura, iremos, agora, atermo-nos à proposta trazida por Armin Kaufmann, cujo ponto de partida reside justamente no estudo desenvolvido por Mayer, cuja análise acabamos de fazer.

A proposta desenvolvida por Armin Kaufmann funda-se na constatação de que haveria uma vinculação entre as normas jurídicas e as normas culturais vigentes na sociedade e, mesmo não se tratando de uma vinculação infalível ou insuperável, já que existem normas penais originárias do mero arbítrio ou capricho do legislador, podemos, sem dúvida, acompanhar esse seu raciocínio de validade das normas jurídico-penais e sua relação com o bem jurídico, o que significará uma compreensão inicial que acreditamos ser imprescindível para o desenvolvimento do estudo sobre o bem jurídico.

Partimos, desde logo, juntamente com Armin Kaufmann, da afirmação de que não há norma sem valoração preexistente e que esta valoração é sempre positiva. A isso queremos dizer que o legislador,

---

[32] MAYER, 2007, p. 56.

[33] A existência do conflito entre normas culturais não foi esquecido por MAYER, 2007. p 59-60, que, inclusive, o reputou inevitável, repudiando, em contrapartida, o conflito entre normas jurídicas, o qual tem por característica a evitabilidade; Cf. AMELUNG, Knut. "El concepto 'bien jurídico' en la teoría de la protección penal de bienes jurídicos'. In: *La teoría del bien jurídico: fundamento de legitimación del derecho penal o juego de abalorios dogmático?* Madrid: Marcial Pons, 2007, p. 232-233; "o consenso sobre os valores devem ser gerados pela via procedimental", que dizer, pelo "processo legislativo democrático". Cf. AMELUNG, 2007, p. 239, (nossa tradução).

quando elege algum interesse social que faz parte do contexto das normas culturais vigentes, assim o faz através de uma "primeira avaliação", que será sempre positiva. Desse modo, atribui o legislador um valor positivo[34] a esse interesse e o eleva à categoria de bem jurídico a ser protegido pelo direito penal. Contudo, não podemos, nesse momento, encerrar a análise sobre a valoração da norma jurídico-penal, pois a essa primeira avaliação seguem-se, ainda, outras duas: a dos acontecimentos e a da ação humana.

A avaliação dos acontecimentos, ao contrário da primeira avaliação, tanto poderá ser negativa, consistindo numa espécie de agressão ou violação àquele objeto da valoração positiva (primeira avaliação), como poderá consistir numa avaliação positiva, quando, por exemplo, tenha por fim compensar a situação que foi previamente avaliada como positiva. Não obstante, a segunda avaliação tem por pressuposto ainda um acontecimento qualquer da vida, natural ou humano, que de alguma forma perturbe ou proteja a "situação conforme o direito".

É, então, na terceira avaliação, que Armin Kaufmann traz à tona as "ações humanas como objeto de juízo de valor", onde analisa não o mero nexo causal do comportamento, mas sim a sua perspectiva teleológica, enquanto conduta voluntária dirigida a um determinado fim. Desse modo, a valoração negativa da conduta geraria uma valoração negativa do resultado, assim como uma valoração positiva do comportamento produziria uma valoração positiva do resultado.

A partir dessas ideias, firmaremos duas premissas, as quais guardam relação direta com a validade axiológica das normas penais e que, por essa razão, procuraremos demonstrá-las ao longo desse trabalho. A primeira delas é a de que nenhuma norma penal pode ser válida constituindo-se num fim em si mesma, ou seja, há que se ter sempre, como pressuposto de validade, a proteção de algum interesse ético-social relevante, o qual deve ser extraído das "normas culturais".

A segunda premissa, não menos importante, é a de que esse interesse-validade não pode decorrer, unicamente, da primeira avaliação do comportamento criminoso, ou seja, sob a única ótica de um resultado que se pretenda evitar, mas, também, em relação ao valor negativo da ação concreta (desvalor da ação) e sua relação com a afetação do

---

[34] Também verificamos visão semelhante em Amelung, 2007, p. 228 (nossa tradução): "o conceito de bem jurídico deveria reservar-se para aqueles estados de coisas que foram valorados, positivamente, por quem cria o Direito, quer dizer, o legislador".

bem jurídico que se quer proteger.[35] É, portanto, a conjugação entre o juízo de valor (dever ser) com o objetivo ou tarefa da norma (dever fazer) que se produz a validade e eficácia da norma penal.[36]

Importante ressaltar que o desvalor do resultado não há como conviver sem o necessário desvalor da ação.[37] Por outro lado, também não podemos conceber a norma penal sem o necessário desvalor do resultado, pois, se assim o fosse, não haveria razão alguma para se impor, por exemplo, uma maior sanção penal ao crime consumado do que ao delito tentado, eis que teriam por base um mesmo grau de ação desvaliosa.[38] Desse modo, concordando com Mezger, todos os aspectos do fato punível, o resultado e o ato, seriam igualmente indispensáveis.[39]

---

[35] Neste ponto, afastamo-nos da doutrina de KAUFMANN, 1976, p. 102-103, uma vez que este autor defende a existência de normas penais desprovidas de bem jurídico, como nos casos dos crimes de desobediência; há autores que defendem que a legitimação dos crimes de perigo abstrato passa, não pela identificação se há ou não um bem jurídico tutelado ou se este bem possui ou não um referente pessoal, mas sim pela análise da própria estrutura do delito, ou seja, como se deve efetivar a proteção de certo bem jurídico, importando, neste caso, não apenas a identificação do bem jurídico no próprio tipo analisado, mas constatar se aquela forma de proteção de um determinado bem jurídico é adequada ou não. Cf. GRECO, 2004, p. 118 e segs.

[36] Faz do juízo de valor "válido" a norma obrigatória, o dever. Cf. KAUFMANN, 1976, p. 106-107; em AMELUNG, 2007, p. 228 constatamos que este juízo de valor indica que determinados estados de coisas precisam ser conservados.

[37] Neste sentido: WELZEL, Hans. *O novo sistema jurídico-penal*. Tradução de André Luis Callegari e Nereu José Giacomolli. São Paulo: Editora Revista dos Tribunais, 2010, p. 82; sobre a aplicação da "teoria da impressão" na punição dos crimes negligentes e da tentativa impossível em que, neste último caso, não poderia faltar a vontade de cometimento do crime, Cf. ROXIN, Claus. *Problemas fundamentais de direito penal*. 3ª ed. Lisboa: Vega, 1998, p. 296-297; na tentativa impossível, a impossibilidade deve ser uma circunstância desconhecida do agente. Cf. ROXIN, 1998, p. 339; em sentido semelhante: JAKOBS, Günther. *Derecho penal: parte general: fundamentos y teoría de la imputación*. Tradução de Joaquim Cuello Contreras e José Luis Serrano Gonzalez de Murillo. Madrid: Marcial Pons Ediciones Jurídicas, 1995, p. 58 (tradução nossa), ao exemplificar que "quem dispara a uma vítima, mas não a acerta, não se subtrai à pena sob o argumento de que não há infração à norma por falta de lesão completa ou inclusive morte da vítima (...)"; sobre tentativa inidônea, importante contribuição enxergamos em CRAMER, quando afirma que a imperfeição da tentativa, no que tange ao risco concreto ao bem jurídico, somente se mostra punível em razão da perigosidade do autor, ou seja, o que justificaria a tentativa inidônea e, desde logo, os crimes de perigo abstrato, é a repercussão do desvalor da ação concreta praticada, e não o seu resultado. Cf. CRAMER, Peter. *Der Vollrauschtatbestand als abstraktes gefährdungsdelikt*. Tübingen: Mohr, 1962, p. 63; Em MENDOZA BUERGO, 2001, p. 193, também referindo-se a CRAMER, afirma que a posição do autor alemão leva à justificação da punição dos delitos de perigo abstrato em razão de representarem uma forma de ataque a interesses protegidos e, por isso, consistiria a ação um injusto merecedor de pena; mais adiante, também em MENDOZA BUERGO, 2001, p. 199, constatamos fortes críticas acerca do paralelismo traçado por CRAMER entre tentativa inidônea e crimes de perigo abstrato.

[38] Neste sentido: STRATENWERTH, Günther. *Disvalor de acción y disvalor de resultado en el derecho penal*. Tradução de Marcelo A. Sancinetti y Patricia S. Ziffer. Buenos Aires: Hammurabi, 2006, p. 25.

[39] Cf. MEZGER, Edmund. *Derecho penal: parte general*. 6ª ed. Tradução de Conrado A. Finzi. Buenos Aires: Editorial Bibliográfica Argentina, 1955, p. 79.

Assim como Stratenwerth, compreendemos o desvalor da ação como elemento integrante da conduta penalmente relevante (ilícito com relevância penal), sem o qual não poderia existir o desvalor do resultado,[40] havendo, contudo, que coincidir o desvalor da ação e o desvalor do resultado para se fundar o ilícito de forma completa.[41] É importante alertar, todavia, que o fato de o ponto principal do ilícito penal centralizar-se no desvalor da ação, não tem outra razão de ser senão o fim de proteger bens jurídicos, sendo essa lesão a bens jurídicos o efetivo efeito da conduta na ordem social.[42]

Diante desses argumentos, faz-se necessária, então, a existência de um comportamento perigoso aos interesses alheios para configuração do ilícito penal, sendo exatamente essa exigência que conformaria o ilícito nos delitos de perigo abstrato, já que a ação desvaliosa, ao pôr em perigo o bem jurídico que se pretende proteger, se constitui numa espécie de fase inicial ou prévia à lesão efetiva[43] do bem jurídico. Assim, o próprio comportamento perigoso já representaria certo prejuízo ao bem jurídico-penal e, com isso, já conseguiria atingir os interesses alheios protegidos pela norma,[44] significando, então, esse resultado, uma espécie de contrapartida do desvalor da ação.[45] É por isso que nos crimes de perigo abstrato teremos, por um lado, um desvalor real da ação (perigosidade do comportamento) e, por outro, um desvalor potencial do resultado (resultado perigoso possível).[46]

---

[40] A lesão do bem jurídico analisada, independentemente da ação que a produziu, seria um mero produto da dogmática e sem nenhuma relação com a realidade. Cf. STRATENWERTH, 2006, p. 35.

[41] Cf. STRATENWERTH, 2006, p. 53-54.

[42] Cf. STRATENWERTH, 2006, p. 26; BIRNBAUM, 2010, p. 59-60.

[43] Sobre esta problemática, interessante é a posição de NAUCKE, 1989, p. 27-32 que, avançando na construção de uma teoria do injusto pessoal, admite que o desvalor da ação acabaria integrando o comportamento concreto dirigido contra o bem jurídico, enquanto os elementos subjetivos, por seu turno, voltados à atitude pessoal do agente, motivos e intenções, gerariam uma certa limitação da lesão ou perigo concreto de lesão na explicação do ilícito.

[44] Este desvalor da ação deve estar ajustado à adequação social do comportamento, e o estando, de maneira tal, que mesmo havendo um resultado lesivo, se a conduta que for sua causa mostrar-se socialmente adequada, mesmo nesta hipótese, o fato será atípico, conforme verificamos no exemplo citado por WELZEL, em que o ato de servir bebidas, apesar do potencial lesivo, não é socialmente inadequado e é por isso que o garçom não responde, pelo resultado, em relação aos condutores bêbados. Cf. WELZEL, 2010, p. 66.

[45] Cf. STRATENWERTH, 2006, p. 89.

[46] Ver melhor em: TORÍO LÓPEZ, Angel. "Los delitos del peligro hipotético (contribución al estudio diferencial de los delitos de peligro abstracto)". *Anuario de Derecho Penal y Ciencias Penales*, Madrid, n. 3, mai-dez. 1981, p. 846-847; ver também: FARIA COSTA, José. *O perigo em direito penal: contributo para a sua fundamentação e compreensão dogmáticas.* Coimbra: Coimbra Editora, 2000, p. 585-586, quando afirma que o desvalor da ação, nos crimes de perigo, se solidifica no tempo e no espaço, enquanto que o desvalor do resultado somente possui um referente temporal real, posto que não se solidifica no espaço, diferentemente do que ocorre nos crimes de lesão, enxer-

A norma penal, assim, há que se vincular à ação humana, e não ao seu resultado, de modo que não reputamos justificada a mera proibição de uma determinada conduta unicamente pelo seu resultado indesejado, mas sim, e também, pelo perigo que representa aquela ação concreta ao bem jurídico tutelado. Portanto, os crimes de perigo abstrato, por indicarem uma situação que, se realizada, é de se supor a exposição do bem jurídico-penal a uma situação de perigo, devem ser também reconhecidos como instrumento de proteção de bens jurídicos.[47]

Não obstante, com esses argumentos iniciais, somente enfrentamos uma parte do problema, ainda muito centrada na própria norma penal, sem ingressarmos, propriamente, no âmbito prático da imputação justa da responsabilidade penal. Portanto, ainda que haja um legítimo bem jurídico a se proteger e mesmo que essa proteção alcance apenas aqueles comportamentos potencialmente lesivos, ainda assim, para a configuração do crime, faz-se necessário que essa mesma responsabilidade possa ser imputada de forma justa a alguém.[48] É exatamente o esclarecimento de tal questão que procuraremos desenvolver neste nosso trabalho.

2.2. O poder de decisão do legislador na escolha do bem jurídico-penal

2.2.1. A discricionariedade do legislador penal e a jurisdição constitucional

A análise do bem jurídico, conforme defendemos, há que se iniciar pela permeabilidade legislativa quanto à escolha daqueles bens que, de fato, representem essa gênese valorativa extraída de uma de-

___

gando, assim, uma certa incongruência nos tipos de perigo, a qual não é verificada nos tipos de lesão, mas sublinha que os tipos de perigo possuem uma legitimidade jurídico-penal material e dogmática, cuja existência típica torna-se "plenamente justificada, mas até como formulações típicas necessárias".

[47] Esclarecedora é a explicação de STRATENWERTH, 2006, p. 41, ao referir-se ao exemplo de WELZEL, em relação à situação de um condutor de veículo que ultrapassa pela esquerda, numa curva, sem visibilidade alguma. Neste caso, o perigo ao bem jurídico não poderia ocorrer somente se, de fato, viesse um veículo no sentido contrário, sendo preciso levar em consideração a perspectiva do agente, naquele momento, em relação aos dados por ele conhecidos, e não a situação de fato real; para KINDHÄUSER, 1996, p. 79 os crimes de perigo abstrato seriam meios eficientes à proteção de bens jurídicos.

[48] Cf. HIRSCH, Andrew von. "El concepto de bien jurídico y el 'principio del daño'". Tradução de Rafael Alcácer Guirao. In: *La teoría del bien jurídico: fundamento de legitimación del derecho penal o juego de abalorios dogmático?* Madrid: Marcial Pons, 2007, p. 46.

terminada sociedade e num certo momento histórico. Procuramos detalhar esse processo seletivo, inclusive imputando-lhe uma certa racionalidade, que é justamente aquilo que confere legitimidade ao processo de escolha e, dessa forma, à própria intervenção penal subsequente.

Entretanto, e isto precisamos sublinhar, faltou-nos tratar do que vem depois, ou seja, quais seriam as consequências dessa escolha e de que modo, se isso é realmente possível, poderia ser harmonizada a decisão legislativa com o sistema constitucional e, assim, com os próprios princípios e direitos fundamentais. Aqui estamos diante da função crítico-garantista do bem jurídico, como forma de ajustar a decisão legislativa ao sistema constitucional de direitos e garantias fundamentais.

É preciso, preliminarmente, afirmarmos o seguinte: a análise de (in)constitucionalidade de uma decisão legislativa voltada à incriminação não pode ser realizada de "fora para dentro", transformando o direito penal numa espécie de subdireito, absolutamente subordinado e submetido ao direito constitucional. Tal conclusão, apesar de poder parecer algo extraordinário ou até mesmo ilegítimo, buscaria, ao contrário, justamente resguardar a própria Constituição, que não se restringe a um olhar míope da decisão legislativa, devendo-se ampliar esta visão a fim de absorver uma espécie de interpretação sistêmica, que do mesmo modo que reconhece a autonomia do direito penal, também lhe reserva uma espécie de limite constitucional intransponível, que para além dele toda e qualquer intervenção penal seria inconstitucional.

O que estamos querendo dizer, em síntese, é que há uma margem de manobra nesse processo legislativo de seleção dos bens jurídicos e na forma e limites de sua proteção, dentro do qual não cabe ao intérprete constitucional contestar ou deslegitimar a atuação do legislador, a não ser que seja rompido o limite máximo de aceitabilidade. Contudo, este limite, dentro do processo seletivo, há que ser regido também pela Constituição, especialmente pelos princípios da separação dos poderes, liberdade do legislador e proporcionalidade.

Em primeiro lugar, elencamos o princípio da separação de poderes, através do qual a tarefa legislativa de seleção da intervenção penal não há que ficar submetida ao Tribunal Constitucional, que exercerá uma tarefa de harmonização, e não de submissão da decisão legislativa à jurisdição constitucional.

Isso ocorre porque, como dissemos, o legislador penal dispõe de certa margem de tolerância, dentro da qual exercerá a sua função po-

O BEM JURÍDICO-PENAL

lítica de escolher, como órgão representativo da população, aqueles interesses que mereçam a proteção penal, e, nessas escolhas, decidir, também, pela sanção penal mais adequada a consolidar a máxima proteção necessária ao interesse elevado à categoria de bem jurídico--penal. Conforme alertado por Sternberg-Lieben, as decisões políticas de conformação da sociedade pertencem ao Poder Legislativo, e não ao Tribunal Constitucional.[49]

A partir desse primeiro princípio é que emerge o princípio da liberdade do legislador, ou seja, seu poder de discricionariedade na escolha da política criminal ao filtrar os anseios sociais e selecionar aqueles interesses mais representativos da sociedade que representa. Aqui é a função político-estruturante do legislador que serve como norte nesse processo decisório de escolha. E há que ser assim para bem preservar o poder político do legislativo na normatização das pautas valorativas da sociedade e, assim, resguardar a independência e harmonia entre os poderes Legislativo e Judiciário.

É, então, após a constatação dessa liberdade de avaliação e decisão do legislador que podemos passar à análise do outro princípio ínsito nesse processo decisório: o da proporcionalidade. Não pretendemos, nem seria aqui o lugar mais adequado, tecermos um comentário exaustivo acerca desse princípio, mas sim chamar atenção para o fato de que o legislador, ao decidir pela intervenção penal, deve seguir uma avaliação, qualitativa e quantitativa, tendo como limite a proporcionalidade, pautando-se tal tarefa legislativa na necessidade e idoneidade da intervenção na liberdade[50] por meio do direito penal.

A título de exemplo, podemos dizer que a vida é, sem dúvida, um bem jurídico que merece especial proteção por meio do direito penal. Podemos ir inclusive mais além e afirmar que essa proteção merece como medida de retribuição penal ou de prevenção uma sanção penal rigorosa. Até aqui a decisão legislativa estaria dentro dos limites da proporcionalidade. O problema começaria a surgir, todavia, se o legislador decidisse, por exemplo, impor pena de morte ou sanção penal de natureza perpétua ao infrator, ou ainda, caso o legislador acabasse protegendo a vida de forma absoluta, afastando, inclusive, a possibilidade de exclusão da ilicitude perante situações de legítima defesa ou estado de necessidade. É aqui que o legislador romperia o dique de constitucionalidade da sua liberdade de legislar, emergindo

---

[49] STERNBERG-LIEBEN, Detlev. Bien jurídico, proporcionalidad y libertad del legislador penal. In: *La teoría del bien jurídico: fundamento de legitimación del derecho penal o juego de abalorios dogmático?* Madrid: Marcial Pons, 2007, p. 120.

[50] Ibid., p. 121.

desse excesso a exigência da atuação da jurisdição constitucional, a fim de recolocar a discricionariedade legislativa dentro dos patamares constitucionais permitidos.

Assim, podemos perceber uma relação harmônica entre os poderes e, portanto, a manutenção da supremacia constitucional em sua completude, e não apenas num de seus aspectos ou vertentes protetivas. A chave para a constitucionalidade das leis penais encontra-se, portanto, no equilíbrio do funcionamento da política criminal e nos mecanismos de controle judicial dos atos legislativos, e não na substituição da liberdade do legislador pela jurisdição constitucional. Em outras palavras, isso significa dizer que se faz necessário impedir o deslocamento do modelo de democracia participativa para o de jurisdição constitucional.[51]

Os direitos fundamentais continuarão funcionando como princípios-reitores da atuação legislativa. Contudo, como a intervenção penal sempre implica num certo grau de afetação dos direitos fundamentais, eis que intervém na autonomia dos indivíduos e tem por sanção característica a privação da liberdade, caberá ao legislador uma certa margem de manipulação dessa intervenção nos direitos fundamentais, sem que possamos, contra essa margem de liberdade, imputarmos irresponsavelmente a mácula da inconstitucionalidade. Como dissemos, deve-se resguardar o equilíbrio entre a democracia participativa, a tutela de direitos fundamentais e a jurisdição constitucional. Esta última, então, somente poderá intervir quando o legislador penal exceder os limites da sua atuação, impondo um sacrifício desproporcional aos direitos fundamentais atingidos, sendo tal intervenção uma tentativa de se restabelecer o equilíbrio do sistema constitucional-penal e garantir a legitimidade da intervenção penal escolhida pelo legislador.

A constituição deve estar aberta aos anseios sociais, assim como também o deve ser o direito penal. Desse modo, tal abertura torna a decisão do legislador uma síntese desse diálogo necessário entre Estado e sociedade, que se faz dinâmico e reconhecedor da liberdade criativa do legislador, quando este atua na busca pela proteção integral dos valores comunitários da vida digna. No entanto, o exercício da atividade legislativa em matéria penal, por implicar restrição a direi-

---

[51] STERNBERG-LIEBEN, op. cit., p. 122; este mesmo autor, citando Böckenförde, afirma que tal situação seria o mesmo que a mudança de um Estado Parlamentar da lei para um Estado Jurisdicional do Tribunal Constitucional (Ibid., p. 123).

tos, liberdades e garantias,[52] encontra seu limite[53] nos próprios direitos fundamentais.[54] Esta abertura, portanto, não significa a recepção cega dos anseios sociais, mas sim, uma espécie de "filtro" em que somente devem passar aqueles interesses que, de fato, se ajustem aos parâmetros próprios do direito penal.[55]

Com isso, finalizamos, dizendo que cabe aos membros do Poder Legislativo, democraticamente eleitos, estabelecer os rumos da política criminal, assegurando, assim, o pleno exercício da democracia participativa. Ao Tribunal Constitucional, todavia, incumbe o dever de acompanhar todo esse processo discricionário do legislador, atuando de forma limitada e somente quando for efetivamente necessário para restabelecer o equilíbrio rompido pela atuação excessiva e arbitrária do legislador penal.

2.2.2. O legislador penal e os valores

No tópico anterior, firmamos posição no sentido de que cabe ao legislador filtrar os interesses sociais relevantes e, dentro desse processo seletivo, não apenas escolher aqueles interesses que serão convertidos em bem jurídico-penal, como também indicar quais as hipóteses de condutas que devem ser proibidas por representar um perigo ou lesão aos interesses penalmente tutelados.

Superada essa etapa, devemos aprofundar na tarefa legislativa de seleção dos valores aptos a serem qualificados como bens jurídicos. Assim, para que haja um objeto de valoração, tem que existir o sujei-

---

[52] A postura penal que põe no centro o indivíduo e limita a atuação estatal intervencionista numa ordem de direitos individuais, funda-se no ideal de reconhecimento pelo estado das liberdades individuais, tornando legítima apenas a intervenção penal que se mostre mesmo necessária. Sobre o tema: TAIPA DE CARVALHO, Américo Alexandrino. *Constitucionalidade sócio-cultural do direito penal: análise histórica. Sentido e limites.* Coimbra: Gráfica de Coimbra, 1985, p. 48-49.

[53] Citamos: FARIA COSTA, 2000, p. 218-221, quando parte do sentido de unidade do ordenamento jurídico, do qual fazem parte o "ordenamento jurídico-constitucional" e o "jurídico-penal", que é o que conferirá unidade de sentido normativo que busca realização da justiça e, no fim, a confirmação da dimensão axiológica do bem jurídico-penal.

[54] Cf. TAIPA DE CARVALHO, 1985, p. 79; fora deste "âmbito" ou "zona", dentro do qual se constrói a solução do conflito entre os princípios de proteção de direitos fundamentais, " toda e qualquer intervenção penal está fadada necessariamente à inconstitucionalidade", funcionando a ofensividade, portanto, num princípio-garantia do direito fundamental à liberdade, somente ponderável, portanto, quando estejam em conflito um outro interesse de igual relevância. Cf. D'AVILA, Flávio Roberto. Ofensividade e crimes omissivos próprios. In: *Boletim da Faculdade de Direito: Studia Ivridica*, n. 85. Coimbra: Coimbra Editora, 2005, p. 68-69.

[55] Neste ponto, corroboramos com o pensamento de FARIA COSTA, 2000, p. 284.

to que valora, ou seja, aquele que confere certo valor a determinados interesses.[56]

Esse juízo de valor efetivado pelo legislador penal possui duas dimensões. A primeira delas refere-se à escolha do bem jurídico, através da qual o legislador, ao conferir um valor positivo a um determinado bem ou interesse, acaba por destacá-lo daquela ordem geral de interesses sociais, para alçar o patamar de bem jurídico-penal e, assim, poder ser efetivamente protegido contra as ações potencialmente lesivas. A segunda, por seu turno, consiste na valoração distinta feita pelo legislador em relação àqueles interesses que já elegeu à categoria de bem jurídico-penal. É nesta última valoração que o legislador vai indicar as categorias de valores que merecem uma maior proteção e, consequentemente, necessitam de um maior rigor quanto à sanção penal aplicável em caso de lesão ou perigo de lesão a esses bens jurídicos mais valiosos.

É em razão desta segunda valoração que o bem jurídico vida, por exemplo, possui uma forma de proteção mais rigorosa do que a honra ou a integridade física. E isso ocorre não porque o legislador não elegeu os dois últimos interesses como merecedores de proteção, mas sim porque acabou elegendo a vida como patamar máximo da existência humana, de modo que a lesão a esse interesse maior representaria a própria aniquilação do ser humano, daí a razão pela qual a sanção penal para o menoscabo a esse bem jurídico possui um grau maior do que o prejuízo causado à honra ou à integridade física.

Percebemos, assim, uma considerável amplitude quanto ao conteúdo do juízo de valor realizado pelo legislador. Todavia, não nos parece um problema essa indefinição na valoração. Ao contrário, conforme assevera Amelung, é justamente o conteúdo vazio e a indeterminação do juízo de valor que representa a maior riqueza[57] da teoria do bem jurídico. Isso ocorre porque tal abertura permite uma maior amplitude na seleção dos interesses aptos a se converterem em bens jurídicos, o que seria impossível caso existisse um sistema legal fechado de onde partissem os parâmetros que deveriam ser empregados no juízo de valor do legislador, ao selecionar os interesses ético-sociais merecedores de proteção penal.

---

[56] Cf. AMELUNG, Knut. El concepto "bien jurídico" em la teoría de la protección penal de bienes jurídicos. Tradução de de Íñigo Ortiz de Urbina Gimeno. In: *La teoría del bien jurídico: fundamento de legitimación del derecho penal o juego de abalorios dogmático?* Madrid: Marcial Pons, 2007, p. 228.

[57] AMELUNG, 2007, p. 232.

Nesse momento, faz-se necessário trazermos à tona a nossa percepção de que uma teoria do bem jurídico[58] puramente formal, divorciada da proteção concreta e efetiva dos valores sociais, pelo seu caráter eminentemente normativo, jamais representaria uma realidade socialmente fundante.[59] Assim, uma adequada concepção de bem jurídico deve envolver, sobretudo, a análise da sua função social, bem como a exata compreensão do significado de necessidade e interesse,[60] o que somente pode ser efetivado dentro de um conceito valorativo aberto.

O juízo de valor há que encontrar nos interesses ético-sociais vigentes aqueles bens essenciais à paz e à coesão social, e que, por isso, contariam com a dignidade penal necessária à intervenção por meio do direito penal.[61] É preciso estabelecer a necessária ligação entre o bem jurídico tutelado e esses valores essenciais, afastando-se de uma posição focada no esvaziamento da dimensão axiológica do bem jurídico.[62]

Não obstante, é preciso trazer a lume o pensamento contrário, defendido por parte da doutrina, através do qual não caberia ao legislador penal a seleção dos interesses ou valores que seriam elevados à categoria de bem jurídico. Os valores decididos como relevantes ao direito penal, antes desse processo seletivo do legislador penal, já teria sido objeto de valoração na legislação extrapenal.

Para deixarmos mais clara essa posição, com a qual não concordamos, podemos citar, como exemplo, o fato de que o legislador penal, ao eleger o meio ambiente como interesse digno de proteção, na realidade, não iria além da mera atividade de transposição, para o direito penal, de um juízo de valor preexistente a essa sua decisão, uma

---

[58] Em defesa de uma teoria do bem jurídico: GRECO, Luiz. Tem futuro a teoria do bem jurídico? Reflexões a partir da decisão do Tribunal Constitucional alemão a respeito do crime de incesto (§ 173 Strafgesetzbuch). *Revista Brasileira de Ciências Criminais*, São Paulo, v. 82, 2010, p. 165 e segs.

[59] "Uma realidade social entendida como sociedade estatal constitucional, o que poderá ser realidade normativa, mas jamais realidade social". Cf. MALARÉE HORMAZÁBAL, Hernán. *Bien jurídico y estado social y democrático de derecho*. 2 ed. Santiago: Lexis Nexis, 2006.

[60] Cf. PALMA, Maria Fernanda. *Direito Constitucional Penal*. Coimbra: Almedina, 2011; ver também em HEFENDEHL, Roland. *Uma teoria social do bem jurídico*. Tradução de Luis Greco. *Revista Brasileira de Ciências Criminais*, São Paulo, v. 87, 2010, p. 112.

[61] Aqui se encontra o caráter fragmentário do direito penal, cuja intervenção deve restringir-se a tão somente aqueles bens absolutamente indispensáveis à vida digna e que levem à "livre expressão e expansão da personalidade humana". Em melhores palavras: FARIA COSTA, José. Tentativa e dolo eventual. In: *Estudos em homenagem ao Professor Doutor Eduardo Correia. Boletim da Faculdade de Direito da Universidade de Coimbra*, Coimbra, n. 1, 1984, p. 685.

[62] Posição crítica a esta construção sistêmico-funcional do bem jurídico: TAIPA DE CARVALHO, Américo Alexandrino. *Constitucionalidade sócio-cultural do direito penal: análise histórica. Sentido e limites*. Coimbra: Gráfica de Coimbra, 1985, p. 85-89.

vez que a legislação ambiental já havia decidido pela necessidade de se proteger o meio ambiente como única forma efetivamente capaz à manutenção da vida em nosso planeta. Desse modo, para autores como Frisch, faltaria competência ao penalista e ao legislador penal no tocante à decisão sobre se determinada realidade seria ou não bem jurídico,[63] tarefa esta que caberia às disciplinas extrapenais.

A discussão sobre o bem jurídico, portanto, segundo essa posição doutrinária, já teria sido há muito tempo decidida pela lei civil, de modo que o direito penal não teria o condão de modificar ou recriar essa realidade. A discussão, no âmbito do direito penal, sobre o bem jurídico, perderia todo o sentido, salvo naquelas áreas excepcionais em que não houvesse ainda uma regulação extrapenal prévia e completa.

Em que pese a força de tais argumentos e a excelência de seus defensores, entendemos que a teoria do bem jurídico, independentemente da importância que tenha determinados interesses para a legislação extrapenal, há que se construir e se desenvolver no âmbito penal. E isso decorre do simples fato de que o direito penal possui substrato próprio, com princípios, requisitos e finalidades específicas, cujos parâmetros da incriminação devem ser estabelecidos dentro do âmbito do direito penal.

É bem verdade que toda a regulação prévia extrapenal não é, nem deve ser ignorada pelo legislador penal; o que não pode, todavia, é servir de fundamento à incriminação, divorciada e alheia aos parâmetros próprios do direito penal. Se pensássemos diferente, correríamos o risco de converter o direito penal numa espécie de força coercitiva e sancionadora do direito extrapenal, desnaturando, completamente, o direito penal que conhecemos hoje.

2.3. O bem jurídico e sua função crítica

A importância do bem jurídico não se esvai na formação dos tipos penais, vai mais além, atingindo a própria legitimidade da manutenção desses mesmos tipos no sistema penal. O bem jurídico, então, ao mesmo tempo em que fornece ao legislador penal um critério racional e justo para sua decisão, também serve de critério externo de valoração, sendo utilizado para identificar se aquela decisão prévia do legislador foi de fato justa e adequada à teoria do bem jurídico.[64]

---

[63] FRISCH, 2007, p. 315.

[64] MÜSSIG, 2002, p. 172.

É a importância da função crítica do bem jurídico, que deve ser empregada para se afastar do sistema penal aquelas incriminações em que não seja possível a constatação de um bem jurídico legítimo a se proteger.

Importa, neste momento, relembrarmos do que dissemos no tópico anterior quando abordamos a discricionariedade do legislador, a fim de equalizarmos essa função crítica com aquela margem de liberdade de que dispõe quanto à decisão sobre a escolha dos bens jurídicos merecedores de proteção penal. De fato, a função crítica deve ser empregada sempre que puder se identificar excesso do legislador quanto ao limite decisório em matéria penal, seja em relação à incriminação, seja em razão da medida da sanção penal a ela cominada.

Em síntese, a existência de um tipo penal em que não se vislumbre nenhum bem jurídico ou que tampouco possamos identificar uma necessidade social àquela incriminação e, portanto, não se justificando de modo algum a incriminação, esse é um exemplo de situação em que o bem jurídico assumiria a função crítica, servindo de argumento para a eliminação do sistema penal de algum tipo penal desta natureza. É, portanto, a possibilidade de se contestar a legitimidade de uma determinada incriminação pela ausência de proteção de algum bem jurídico através da norma penal[65] que se realiza o exercício pleno da função crítica do bem jurídico.

Os exemplos de tipos penais em que não há bem jurídico ou em que não é possível se constatar a presença de dignidade penal são muitos, cabendo ao intérprete constitucional, portanto, identificar tais situações e eliminar do sistema penal incriminações dessa natureza. Um exemplo clássico é o crime de consumo de entorpecentes, já que não podemos identificar bem jurídico a se proteger, a não ser uma espécie de bem jurídico simbólico, uma vez que a proibição contida na norma penal dirige-se à própria autonomia do consumidor que decidiu por fazer uso da substância nociva proibida.

Assim, o que está sob proteção é a saúde do próprio consumidor, que no seu exercício de homem livre decidiu por consumir a substância ilícita. Um modelo de direito penal que siga nessa direção distancia-se da teoria do bem jurídico, invadindo de forma excessiva a autonomia individual com o interesse paternalista de proteger a própria decisão livre pelo uso ou não de drogas proibidas.

---

[65] HIRSCH, Andrew v.; WOHLERS, Wolfgang. Teoría del bien jurídico y estructura del delito. Sobre los criterios de una imputación justa. Tradução de Beatriz Spínola Tártalo. In: *La teoría del bien jurídico*: fundamento de legitimación del derecho penal o juego de abalorios dogmático? Madrid: Marcial Pons, 2007, p. 285.

Logicamente que o argumento para a manutenção do crime de uso de substância entorpecente elenca outros bens jurídicos como objeto de proteção previsto no tipo, como a saúde pública, por exemplo. Contudo, a proteção da saúde pública neste nosso exemplo não passa de uma espécie de bem jurídico simbólico, sem que se possa, de fato e concretamente, identificar o prejuízo efetivo à saúde pública resultante do consumo de drogas por um determinado indivíduo.

Nesse ponto, entendemos ser necessário chamar a atenção à seguinte afirmação: não basta a existência de um bem jurídico legítimo a se proteger, sendo igualmente importante a relação existente entre o bem jurídico e a conduta descrita no tipo penal.[66] Desse modo, ainda que a saúde pública, enquanto bem jurídico aparente do crime de consumo de estupefacientes, possa ser identificada como proteção a justificar tal incriminação, ainda assim, ao confrontarmos esse bem jurídico com a conduta proibida, é fácil percebermos que naquele comportamento não é possível extrairmos um prejuízo efetivo à saúde pública.

É bem verdade que, de forma cumulativa,[67] é possível identificar um certo potencial de risco àquele bem jurídico, mas jamais identificável na conduta individualizada de cada usuário dessas substâncias proibidas, o que acaba por significar a criminalização de uma conduta que, individualmente considerada, não representa perigo ou dano ao bem jurídico que se deseja proteger, estando, portanto, à margem dos parâmetros dogmáticos do direito penal e de seus princípios estruturantes, sobretudo a ofensividade e a culpabilidade.

O que nos esclarece o exemplo citado é que a existência de uma relação relevante entre o bem jurídico digno de proteção e a conduta descrita no tipo é o que irá importar para aferirmos a legitimidade ou não de uma determinada incriminação. A partir desta afirmação, cabe ao intérprete constitucional analisar os tipos penais e identificar em qual deles não é possível se verificar uma relação de tal amplitude entre a conduta e o interesse protegido, e, a partir dessa identificação, tomar-se as medidas necessárias para afastar tal incriminação do sistema penal.

É importante frisarmos que essa tarefa não pertence somente ao Tribunal Constitucional, mas também ao próprio Poder Legislativo,

---

[66] HIRSCH, Andrew v.; WOHLERS, Wolfgang, op. cit., p. 287.

[67] Os delitos cumulativos são aqueles em que da conduta não se extrai nenhum dano ao bem jurídico, ou, pelo menos algum dano relevante, que pode ser constatado quando somada aquela conduta com outros comportamentos naquele mesmo sentido. Cf. HIRSCH; WOHLERS, 2007, p. 289.

que deve atualizar e adequar as normas penais vigentes ao sistema de proteção de bens jurídicos por meio do direito penal. Aqui, não corroboramos com parte da doutrina que imputa à imprecisão do bem jurídico um empecilho ao fortalecimento da sua função crítica.[68] O que pensamos, ao contrário, é que se deduz da própria amplitude da concepção de bem jurídico a sua maior riqueza, uma vez que tal maleabilidade se ajusta perfeitamente à maior flexibilidade da liberdade do legislador penal ao decidir por um determinado tipo penal.

Portanto, ao inexistir um critério legal de valoração a ser empregado pelo legislador penal na escolha daqueles interesses merecedores de proteção penal, o conteúdo vazio desse juízo de valor constitui-se numa das maiores virtudes do bem jurídico, em razão da maior flexibilidade na seleção dos interesses sociais relevantes e, por isso, dignos de proteção penal.

Não obstante, reconhecemos que essa abertura da teoria do bem jurídico também o coloca numa situação de vulnerabilidade, o que aumenta ainda mais a necessidade da compreensão do processo seletivo efetivado pelo legislador na escolha dos conteúdos dos tipos penais e do grau de sanção aplicável em caso de violação da norma penal. É a racionalidade desta seleção que possibilitará que nem todo interesse possa ser elevado à categoria de bem jurídico-penal, e que nem todo tipo penal seja capaz, indistintamente, de se "relacionar com um bem jurídico legítimo".[69] E isso, todavia, longe de significar um enfraquecimento da teoria do bem jurídico, apresenta-se como um desafio à sua consolidação como elemento crítico do sistema penal.

É importante anotarmos que essa função crítica implica uma espécie de racionalização da decisão legislativa em matéria penal. E é essa postura crítica que fortalece e consolida a responsabilidade política do legislador em definir uma intervenção penal devidamente ajustada à unidade bidimensional do direito penal: axiológica e dogmática. Na interpretação dos tipos penais, o julgador, ao exercer tal controle, deve sempre ater-se aos limites das "propostas interpretativas"[70] possíveis que podem ser extraídas do texto legal, sempre

---

[68] Em sentido contrário ao nosso pensar: FRISCH, Wolfgang. Bien jurídico, derecho, estructura del delito e imputación en el contexto de la legitimación de la pena estatal. Tradução de Ricardo Robles Plana. In: *La teoría del bien jurídico: fundamento de legitimación del derecho penal o juego de abalorios dogmático?* Madrid: Marcial Pons, 2007, p. 311.

[69] HIRSCH; WOHLERS, 2007, p. 285.

[70] Cf. CANOTILHO, Joaquim José Gomes. *Direito Constitucional*. Coimbra: Almedina, 1992. p. 236.

buscando, logicamente, harmonizar a norma penal com o sistema de tutela das liberdades estabelecido pela Constituição.[71]

É preciso, neste momento, avançarmos um pouco mais, buscando o real sentido e alcance da teoria do bem jurídico. A função crítica, logicamente, compreende uma finalidade negativo-preventiva voltada para o legislador penal e servindo como limite à sua decisão. Porém, para além disso, podemos identificar no bem jurídico uma outra finalidade, esta de natureza positiva, voltada para o valor da ação e buscando, conforme bem o definiu Welzel, fortalecer a atitude de fidelidade ao direito.[72]

Essa dupla dimensão da finalidade do bem jurídico significa que, no sentido negativo, serviria para impedir a lesão a algum interesse social relevante. Portanto, voltemos nosso olhar, por exemplo, ao bem jurídico vida, em que o direito penal, ao criminalizar a conduta homicida, procura, primeiramente, impedir a ofensa a tal bem jurídico e evitar que condutas dessa natureza venham a ser cometidas (finalidade negativo-preventiva). Já no sentido positivo, todavia, o que pretende o direto penal, ou seja, a sua missão, é promover a aproximação dos cidadãos através dos valores, buscando, assim, "assegurar a vigência dos valores positivos ético-sociais de atos, tais como o respeito pela vida alheia",[73] como ocorre no caso do crime de homicídio.

Há, assim, uma relação próxima entre o bem jurídico e a ordem de valores numa sociedade, e tal relação se constitui a partir da vinculação que há entre o bem jurídico e as condições da definição social do delito.[74] Desse modo, a constituição do bem jurídico depende daquilo que no contexto social é tido como valioso e cujo comportamento lesivo ou perigoso teria a aptidão de gerar uma inaceitável afetação deste interesse. É a partir da valoração social de um objeto que o torna digno de proteção penal, convertendo-se um determinado interesse em bem jurídico-penal.

Nasce dessa relação a perspectiva comunicacional da teoria do bem jurídico, que servirá para a construção dos tipos penais a partir da necessidade de proteção de um interesse tido como socialmente

---

[71] Interpretação como consolidação da força normativa da Constituição, através da aplicação do princípio da "ótima concretização da norma", podemos enxergar em: HESSE, Konrad. *A força normativa da constituição*. Tradução de Gilmar Ferreira Mendes. Porto Alegre: Fabris, 1991, p. 22.

[72] WELZEL, Hans. *Direito penal*. Tradução de Afonso Celso Rezende. Campinas: Romana, 2004, p. 27-29.

[73] WELZEL, 2002, p. 29; em sentido critico: MÜSSIG, 2002, p. 176, ao trazer como objeção a esta relação entre valores e bem jurídico a ideia de uma certa unidade social, claramente incompatível com o pluralismo e a descentralização da sociedade.

[74] Cf. MÜSSIG, 2002, p. 181.

valioso, servindo, também, como interpretação teleológica dos tipos penais, a fim de se constatar se tais incriminações, de fato, reproduzem essa mesma valoração social.

A razão comunicacional que representa a própria configuração da sociedade é trasladada para o direito penal através da construção do objeto de proteção da norma penal, que podemos relacionar com as expectativas sociais. No plano normativo, o direito penal deve intervir naqueles comportamentos que reproduzem uma relação de insegurança ou prejuízo a essas expectativas, de modo que a violação da norma penal implicaria não apenas a lesão a um determinado bem jurídico, mas, também, a quebra dessa expectativa social instrumentalizada através da norma penal.

Desta abordagem podemos extrair uma importante conclusão: a legitimidade do direito penal depende da configuração de uma determinada sociedade.[75] É a relação comunicacional existente entre a sociedade e o direito penal que formará todo o seu discurso de legitimação, mesmo que tenhamos por horizonte axiológico o bem jurídico, pois tal objeto de proteção decorre da valoração social de determinados interesses, cuja proteção frente a certas condutas é considerada relevante e merecedora de proteção.

Não há, portanto, como se construir um discurso de legitimação do direito penal sem relacioná-lo à sociedade a que está vinculado, suas expectativas, seu quadro de valores, sua realidade. A construção da teoria do bem jurídico não deve afastar-se da praticidade das expectativas socialmente reconhecidas, emergindo daí uma construção comunicacional da teoria do bem jurídico, que se faz real e dinâmico, ao mesmo tempo em que traz racionalidade e segurança ao sistema de controle social constituído pelo direito penal.

A modernização do direito penal é dependente da sua adequação ao modelo de sociedade que representa, de modo que o direito penal deve adaptar-se, ou melhor, alinhar-se à sociedade do seu tempo. Não se trata, todavia, de uma abdicação dos parâmetros dogmáticos e axiológicos próprios do direito penal. Ao contrário, o que pretendemos é uma espécie de convocação dessa interação entre sociedade e Direito para o centro do problema de legitimação do direito penal, racionalizando-se a intervenção e assegurando a proteção daqueles interesses vitais à coexistência social.

É necessário, portanto, atentarmos para essa dimensão material da intervenção penal, pautada na vinculação dos valores ou interesses

---

[75] Nesse sentido: MÜSSIG, 2002, p. 194.

protegidos aos próprios valores constitucionais. Nesse ponto, temos que alertar, mais uma vez, para a existência de uma permeabilidade constitucional no tocante aos valores ético-sociais, o que representa, sem dúvida, um efetivo dinamismo constitucional, permitindo, assim, a atualização das normas constitucionais sem que haja a necessidade de renovação total ou parcial da ordem constitucional.

Diante dessa noção de coexistência interativa entre constituição e realidade, temos como constatação parcial a de que os bens jurídicos objeto das incriminações hão de se identificar com os valores próprios da Constituição. Dessa maneira, não seria o legislador o verdadeiro criador desses bens jurídicos, tampouco derivariam de uma ordem de valores "pré-positiva",[76] mas, ao contrário, constituiriam uma decorrência do próprio sistema constitucional ao conferir a qualidade de valor constitucional àqueles interesses maiores da própria comunidade.[77]

Está na tutela de bens jurídicos essa concepção material do direito penal, ou seja, não estaríamos diante de um direito penal legítimo, que se possa definir como direito penal constitucional, se não fosse possível identificarmos, dentro do universo de proteção penal, algum interesse relevante à coexistência social. Neste sentido, conforme bem delineado por Roxin, a dimensão material, diversamente do que ocorre com a concepção formal do direito penal, cuja definição se identifica com a sua própria existência positivada nos códigos penais, consistiria, ao contrário, num contexto preexistente à própria intervenção punitiva, e devidamente ajustado àqueles valores ético-sociais absorvidos pela ordem constitucional vigente.[78]

Tal compreensão do bem jurídico servirá, especialmente, para fortalecer a sua função crítica, pois ao incorporar a conformação da

---

[76] CANOTILHO, 1992, p. 658.

[77] Podemos constatar a defesa dos direitos fundamentais como a própria realização da ordem constitucional democrática e da atenção às próprias finalidades constitucionais em: MIRANDA, Jorge. *Manual de direito constitucional*. Coimbra: Coimbra Editora, 2000. 4v, p. 303-305; CANOTILHO, 1992, p. 659, exemplifica esta questão conflituosa entre os 'bens da comunidade' e os direitos fundamentais prescrevendo que "o bem 'ordem constitucional democrática' pode levar à suspensão do exercício dos direitos fundamentais (cfr. artigo 19º). O bem 'segurança pública' legitima certas restrições ao direito à liberdade e à segurança pessoal, designadamente através da instituição de medidas privativas de liberdade (artigos 27º e 28º)"; Parece alinhar-se TERESA BELEZA a esta compreensão da dimensão material da intervenção penal, ao trazer a lume a concepção de direito penal enquanto instrumento impeditivo da atuação humana nociva a uma determinada sociedade. Cf. BELEZA, Teresa Pizarro. Direito penal. 2ª ed. Lisboa: A.A.F.D.L., 1984, p. 41.

[78] ROXIN, Claus. *Derecho penal: parte general*. Tradução de Diego-Manuel Luzón Peña. Madrid: Civitas, 1997, p. 51-52; é importante o alerta de que esta ordem de valores varia a depender da "natureza da comunidade". Cf. HOMEM, António Pedro Barbas. *O espírito das instituições: um estudo de história do Estado*. Coimbra, Almedina, 2006, p. 54.

sociedade à teoria do bem jurídico tornar-se-á possível a revelação precisa do sentido da norma penal e, assim, a identificação ou não da legitimidade de uma determinada intervenção penal. Apesar de não representar a solução definitiva do problema, traz, sem dúvida, uma maior segurança ao intérprete e ao legislador penal, além de significar a necessária harmonia que deve existir entre direto penal e sociedade.

2.4. A lesão a interesses alheios e o *harm principle*

A ordem valorativa protegida pelo direito penal não consiste numa mera artificialidade legal, constituindo-se, ao contrário, dos postulados mínimos da vida digna, sendo, por isso, um dos fundamentos do Estado de Direito democrático. Contudo, precisamos identificar aquilo que, de fato, justifica elegermos um determinado comportamento como violador do interesse submetido à tutela penal.

Iniciaremos essa análise trazendo para o centro da discussão a posição de Stuart Mill, através do desenvolvimento do *harm principle* ou princípio do dano, concebido como horizonte de legitimação do direito penal anglo-saxônico. Através desse princípio, a única razão que justificaria a interferência na liberdade de alguém, através da imposição de pena, seria a necessidade de se prevenir danos a outros. A liberdade seria, então, uma espécie de núcleo inviolável da existência humana, de modo que apenas caberia alguma intervenção no seu exercício quando esta se mostrasse necessária à proteção dos outros, ou seja, quando tivesse por fim *prevent harm to others*.[79]

Do *harm principle* podemos extrair que a liberdade deve ser exercida de forma plena e que as pessoas devem perseguir seus sonhos e desejos, construindo seus projetos de vida de acordo com sua visão de mundo sem, contudo, submeterem-se a qualquer restrição da sua liberdade, quer seja pelo Estado, quer seja por algum outro indivíduo. O limite desta liberdade, entretanto, encontra-se no dever de não provocar danos a outros, devendo-se evitar, portanto, todas aquelas ações que de alguma maneira acabem limitando "o livre desenvolvimento de uma pessoa moral".[80]

---

[79] MILL, John Stuart. *On Liberty*. London: The Walter Scott Publishing Co. Ltd., não paginado (edição digital); Uma das premissas do *harm principle* é a de que os danos devem consistir em algum prejuízo aos interesses de outros. Cf. HIRSCH, 2007, p. 44.

[80] Cf. ESER, 1998, p. 13, (nossa tradução).

Em outras palavras, significa dizer que somos verdadeiramente livres nas escolhas que fazemos ao longo de nossa existência, contudo esta liberdade somente poderá sofrer intervenção externa quando, nesse nosso exercício de homens livres, interferirmos nos interesses dos demais. A intervenção penal, portanto, apenas será legítima ao se amparar na necessidade da preservação de bens jurídicos e, ainda assim, apenas quando nessa especial forma de tutela pudermos identificar, na moldura penal, um comportamento que lesione ou exponha a perigo estes mesmos bens que se pretende proteger,[81] excluindo-se, deste modo, aqueles riscos remotos ou inofensivos aos interesses alheios.[82]

Avançando um pouco mais, imprescindível se faz utilizarmos a construção de dano efetivada por Feinberg, que na esteira do pensamento de Stuart Mill deu um passo adiante no desenvolvimento do *harm principle*. O *harm*, portanto, consistiria num ato ilícito e injusto praticado por alguém que acaba por atingir o interesse da vítima, impedindo o seu desenvolvimento ou tornando-o mais fraco.[83] A construção teórica proposta por Feinberg, além de ser mais ampla do que a de Stuart Mill, teve ainda como avanço o fato de conferir uma maior complexidade à responsabilidade penal ao convocar para o centro do problema a intenção e a negligência, as causas de justificação e de exclusão da culpa e, por fim, a própria noção de censura do agente.

Não obstante, apesar de já termos a ideia daquilo que consistiria o dano, resta-nos, agora, saber o significado preciso de interesse alheio, sobre o qual recairá a conduta do agente. Nesse ponto, também sublinhamos a concepção de Feinberg, que ao conceituar "interesse" associou-o à noção de algo querido ou desejado por alguém ("wants or desires").[84] O interesse, assim, consistiria naquelas maiores aspi-

---

[81] A incriminação que tenha por base a proteção de bens jurídicos coletivos também se ajustaria ao *harm principle*. Cf. HIRSCH, 2007, p. 45; KINDHÄUSER, 1996, p. 86, divide os danos aos bens jurídicos em três espécies distintas: lesão efetiva, perigo concreto de lesão e, por fim, exposição abstrata ao perigo.

[82] O *harm principle* é encarado como uma espécie de "antídoto valioso" à restrição do alcance do direito penal. Cf. HIRSCH, Andrew v. *Extending the harm principle: 'remote' harms and fair imputation*. In: Harm and culpability. Oxford: Claredon Press, 1996, p. 259.

[83] Cf. FEINBERG, Joel. Harm to others: the moral limits of the criminal law. 1v. Oxford: Oxford University Press, 1986. p. 105-106, quando além de definir sua concepção de *harm*, também apresenta uma fórmula explicativa: "*A wrongs B*" (ação ou omissão, dolo ou culpa, ausência de desculpa e causa de justificação e violando direito de B) "and harms his interests (A's action is the cause of a setback to B's interests)"; de KINDHÄUSER, 1996, p. 70, extraímos que a lesão do bem jurídico implica numa determinação do dano em que se leva em consideração um *status quo ante*, relativamente melhor, citando, como exemplo, o caso de um enfermo que, mesmo doente, e em estado grave, pode, ainda, ser lesionado em sua saúde.

[84] FEINBERG, 1986, p. 37-38.

rações ou objetivos que conferem sentido à vida humana, bem como naqueles fins menos importantes que, porém, seriam meios para se alcançar os objetivos principais de cada ser humano.

Dentro dessa perspectiva de interesses a se proteger, devemos levar em consideração a danosidade das ações concretas, quer dizer, aquilo que de potencialmente lesivo ao bem jurídico-penal podemos delas extrair. Desse modo, ainda que o resultado lesivo não venha a ocorrer, o interesse em si mesmo já se mostraria prejudicado pela ação concreta, em razão da ocorrência de certa "subtração do seu potencial de utilização".[85]

Aprofundando-se um pouco mais nesse ponto, faz-se necessário nos socorrermos de um outro princípio – o *offence principle*. Diferente do princípio do dano ou *harm principle*, de onde se retira da ação concreta à lesividade ao interesse que se pretende proteger, na *offence*, segundo Feinberg, há uma perturbação no interesse sem que dela possamos extrair um dano efetivo ao objeto de proteção.[86]

Isso significa dizer que, a depender da importância e gravidade do comportamento perturbador, ainda que dele não se verifique uma efetiva lesão ao bem jurídico, o ataque realizado pela conduta mostra--se prejudicial ao interesse protegido, surgindo daí a necessidade da intervenção penal.[87] Ao se proteger um determinado bem jurídico, o que se quer, materialmente, é preservar sua função para o respectivo titular, sob a perspectiva da relação de "interesse e necessidade",[88] e não proteger o bem em si mesmo.

Já esclarecido o significado de dano e o sentido de interesse, precisamos dizer ainda que o *harm principle* não é condição necessária e suficiente à intervenção penal.[89] É preciso, ainda, a presença dos denominados princípios mediadores (*mediating principles*) para se estabelecer o "se" e "como" de sua utilização. Estes princípios suplementares referem-se à intensidade, importância ou magnitude do dano, certeza

---

[85] Cf. KINDHÄUSER, 1996, p. 71, (tradução nossa).

[86] O objeto protegido pela norma "não deves furtar" não é a coisa em si mesmo, mas sim a possibilidade do seu titular usufruir daquele bem. Cf. AMELUNG, 2007, p. 243.

[87] Cf. GERHARD, 2007, p. 84-85, em que traça as características do *offence principle* delineadas por FEINBERG e defende a justificação de algumas incriminações com base neste princípio, como no caso dos crimes contra a paz pública.

[88] Cf. KINDHÄUSER, 1996, p. 80; a finalidade da norma (concepção material do delito) como garantia dos pressupostos de uma vida pacífica: ESER, 1998, p. 22; GERHARD, 2007, p. 92, a partir da perspectiva de certa inversão da construção da legitimidade do direito penal, trazendo para a base de sua teoria a análise do *harm* e da *offence*, que seriam a fonte de legitimação do direito penal, reconhecendo o bem jurídico como um mero produto destes princípios.

[89] FEINBERG, 1986, p. 7 e segs.

ou probabilidade da ocorrência do resultado lesivo, o interesse maior que se quer proteger, critérios estatísticos e redução do dano e, finalmente, o grau de limitação da liberdade.[90]

Não é nosso objetivo desenvolvermos o pensamento de Feinberg, mas sim, convocar aqueles argumentos empregados no *harm e offence principles* para acrescentar, à teoria do bem jurídico, conceitos e princípios que não são, ou o são muito pouco, analisados pela doutrina penal brasileira e europeia-continental.

Não temos dúvida de que da realidade anglo-saxônica, em que pese possuir uma profunda divergência com o sistema europeu-continental, alguma contribuição podemos dela extrair para a legitimação do nosso direito penal, sobretudo no que tange à fragilidade da teoria do bem jurídico, no seu atual estádio, para justificar as novas incriminações.[91]

Para a construção de uma teoria do bem jurídico que seja capaz de abranger as atuais necessidades sociais, a inclusão de novos princípios, dentre eles, o *harm principle* e o *offence principle*, é imprescindível ao fortalecimento das funções crítica e político-criminal da teoria do bem jurídico e dos argumentos de legitimação dos crimes de perigo abstrato.

A validade do direito penal passa, portanto, pela noção de bens ou valores[92] que merecem essa especial proteção. Nesse universo de interesses a se proteger, não há como sublinharmos os parâmetros propostos por Hassemer através da teoria clássica do bem jurídico, focados somente naqueles interesses de natureza individual (vida, patrimônio, liberdade, saúde etc.), excluindo-se, portanto, os interesses supraindividuais, como o são, por exemplo, os bens ecológicos, que pela sua imprescindibilidade à própria existência da espécie humana, deveriam se sobrepor àqueles interesses puramente individuais.[93]

O direito penal, por se tratar do instrumento estatal mais "agressivo" de intervenção na liberdade, há que possuir mecanismos de limi-

---

[90] FEINBERG, 1986, p. 187-214; HIRSCH, 1996, p. 261.

[91] Podemos ver entendimento no sentido da necessidade de auxílio externo à teoria do bem jurídico, mediante a inclusão de novos princípios de legitimação das normas penais, em: SEHER, Gerhard. "La legitimación de normas penales basadas en principios y el concepto de bien jurídico". Tradução de Rafael Alcácer Guirao. In: *La teoría del bien jurídico: fundamento de legitimación del derecho penal o juego de abalorios dogmático?* Madrid: Marcial Pons, 2007, p. 70-71.

[92] Valores compreendidos enquanto produto da própria lógica de autoconservação do sistema em: SILVA SÁNCHEZ, Jesus-Maria. "Política criminal en la dogmática". In: *Política criminal y nuevo derecho penal (libro homenaje a Claus Roxin)*. Barcelona: José Mará Bosche Editor, 1997, p. 21.

[93] Neste sentido: GERHARD, 2007, p. 74, quando afirma que a sobrevivência da humanidade deve se sobrepor aos interesses dos indivíduos atuais.

tação e proibição de excesso, a fim de converter-se num meio legítimo de proteção dos interesses maiores da sociedade. Entretanto, o limite estabelecido pelo denominado direito penal mínimo não cumpriria com o seu compromisso legitimador; e, muito pelo contrário, acabaria se constituindo num claro mecanismo de reafirmação do poder dos abastados frente a horda de miseráveis que compõem a maioria dos encarcerados no Brasil e pelo mundo afora.

O que pretendemos enfatizar é que a proteção penal unicamente daqueles interesses individuais não apenas significa a concepção de um direito penal de conteúdo mínimo, em que a subsidiariedade, a mínima intervenção e a necessidade são racionalmente aplicadas, garantindo-se, desse modo, a construção de uma intervenção penal de *ultima ratio*.

Direito penal mínimo, para além disso, representa um modelo de direito penal em que somente aqueles bens jurídicos de natureza individual representariam o universo de legitimação do direito penal, ficando de fora todos os demais interesses transcendentes, como os bens coletivos ou supraindividuais[94] e a proteção por meio de crimes de perigo abstrato.

Ocorre que, dentre esses bens jurídicos individuais conformadores da teoria pessoal do bem jurídico (*personale Rechtsgutslehre*), que tem em Hassemer o seu maior defensor, o patrimônio e a propriedade constituiriam os mais importantes interesses dignos de proteção, seguidos da vida, saúde e liberdade.[95]

Desse modo, para o direito penal mínimo o maior *standard* de proteção centra-se no patrimônio, bem jurídico do qual dispõe apenas uma parte nitidamente menor da sociedade e contra o qual tem nos pobres e miseráveis a maior parte dos seus agressores, e que, por essa razão, constituem também a grande parcela de encarcerados.

Assim, a legitimação da intervenção penal através do direito penal mínimo, na realidade, consistiria numa espécie de legitimação do direito penal da classe dominante ou do direito penal do capital, fundado nos interesses individuais de uma minoria em contraposição à universalidade de interesses que, ao contrário, poderiam ser materializados a partir de uma concepção de direito penal que envolvesse também a proteção dos bens jurídicos coletivos. O direito penal míni-

---

[94] A postura penal que põe no centro o indivíduo e limita a atuação estatal intervencionista numa ordem de direitos individuais, funda-se no ideal de reconhecimento pelo estado das liberdades individuais, tornando legítima apenas a intervenção penal que se mostre mesmo necessária. Cf. TAIPA DE CARVALHO, 1985, p. 48-49.

[95] Nota crítica em: SCHÜNEMANN, 1996, p. 194-195; SCHÜNEMANN, 2002, p. 208.

mo mantém, assim, segundo bem alertado por Hefendehl, uma espécie de direito penal reduzido de caráter reacionário.[96]

Dando um passo adiante, a promoção do bem comum por meio do direito penal jamais poderia ser efetivada sem a presença de uma concepção de direito penal que envolvesse, além dos interesses individuais, também aqueles supraindividuais, como forma de inclusão, através do princípio da igualdade, dos interesses dos não proprietários.

Sem querermos adentrar na discussão e desenvolvimento daquilo que se denomina de teoria social do bem jurídico, o que nos interessa nesse momento é justamente trazer, para o cerne da discussão penal, a crítica do fundo retórico por detrás da concepção de legitimação do direito penal, através da teoria pessoal do bem jurídico ou do denominado direito penal mínimo.

Assim, a conclusão a que chegamos é a de que mínima deve ser a intervenção, mas jamais a proteção por meio do direito penal. Esta, ao contrário, deve absorver aqueles interesses que representem a universalidade dos indivíduos, ou seja, há que se buscar a construção de um direito penal de inclusão, de um direito penal "socialmente integrado",[97] que não se restringe a proteger, unicamente, a classe dominante e os detentores de capital, mas sim a sociedade na totalidade de seus membros.

Somente um direito penal dessa natureza poderá afastar-se daquilo que entendemos como *retórica da legitimação*, em que se utiliza do argumento do direito penal mínimo como forma de se proteger o cidadão da opressão estatal efetivada pelo direito penal, quando, de fato, o que se deseja realmente é justamente a proteção de uma determinada classe – a dos proprietários – frente a toda uma maioria de pobres e miseráveis que constituem justamente os agressores do patrimônio e da propriedade e, por isso mesmo, formam a maioria dos encarcerados no sistema penal brasileiro e mundial.

Desse nosso argumento, todavia, emerge uma importante objeção apontada pelos defensores da concepção minimalista do bem jurídico, que é a de que esta proteção penal que transcenda aos interesses individuais não cumpriria com a exigência da pauta valorativa liberal. Ora, não podemos sublinhar tal objeção justamente porque a consolidação do Estado de Bem-Estar Social tem por fundamento a realiza-

---

[96] HEFENDEHL, 2010, p. 104.

[97] Ibid., p. 108.

ção de um rol de garantias das condições básicas de existência[98] muito mais alargado do que aquele que vislumbramos no Estado Liberal.

Diante disso, a legitimidade do direito penal deveria partir da perspectiva do interesse que se pretende proteger, porém levando-se em consideração somente aqueles vigentes numa determinada sociedade e, ainda assim, que sua proteção seja justificada diante da gravidade do ataque sofrido pelo bem jurídico, em decorrência da ação ilícita praticada.

Além disso, não há como excluir da tutela penal aqueles interesses de natureza supraindividual, que atingem a sociedade como um todo e cuja proteção não apenas é legítima como exigível, a fim de se garantir a manutenção de um patamar mínimo de existência digna que permita a realização do ser livre e a manutenção da coesão social. Pensar desse modo, portanto, é contribuir para a legitimação do direito penal e para o avanço da teoria do bem jurídico.

3. EM BUSCA DA LEGITIMAÇÃO DOS CRIMES DE PERIGO ABSTRATO A PARTIR DA PERSPECTIVA DO DIREITO PENAL DO BEM JURÍDICO

3.1. O bem jurídico e a construção dogmática dos delitos de perigo abstrato

O tratamento penal que disciplinaremos acerca dos crimes de perigo abstrato terá como ponto de partida a sua própria definição, ou melhor, a distinção precisa em relação aos crimes de perigo concreto, bem como a identificação das diversas modalidades de perigo abstrato. Tal distinção tem por fim, não apenas a delimitação do nosso campo de pesquisa, mas, também, a sua utilização para rebater algumas críticas de parte da doutrina e, com isso, iniciar o desenvolvimento de uma construção dogmática moderna dos crimes de perigo abstrato.

---

[98] Cf. MENDOZA BUERGO, 2001, p. 346; O Estado Social de Direito tem como orientação a proteção da propriedade privada, a manutenção da paz social, o fornecimento dos serviços básicos ao cidadão e, sobretudo, uma forte característica de intervenção. Cf. MARÍA CÁRCOVA, Carlos. "Estado social de derecho y radicalidad democrática". In: *Constituição e Estado Social: os obstáculos à concretização*. Coimbra: Coimbra Editora, 2008. p. 101; Sobre a transmutação substancial do Estado Liberal para o Estado Social e a discussão sobre o "enfrentamento dos dilemas da escassez" através do enfoque das questões sociais, Cf. MORAIS, Jose Luis Bolzan de. "O Estado e seus limites: reflexões iniciais sobre a profanação do Estado Social e a dessacralização da modernidade". In: *Constituição e Estado Social: os obstáculos à concretização*. Coimbra: Coimbra Editora, 2008, p. 177.

A distinção entre crimes de perigo abstrato e concreto decorre, como bem advertido por Mendoza Buergo, da diferente técnica de tipificação empregada na configuração do injusto penal. Nos crimes de perigo concreto, além da identificação do desvalor da ação, por meio de um juízo de valor *ex ante*,[99] podemos constatar, ainda, na sua própria construção típica, um desvalor do resultado que deverá ser verificado, em concreto, para a configuração do delito.[100] Já nos crimes de perigo abstrato, em que pese a generalização da valoração da conduta segundo um juízo *ex ante*, não se exige a constatação, *ex post*, da concreta verificação do perigo para a configuração do crime.[101]

Os crimes de perigo abstrato,[102] portanto, não necessitam de uma relação aproximada entre a ação perigosa e o bem jurídico protegido, sendo desnecessário que haja um perigo concreto ao interesse que se pretende proteger.[103] Assim, ainda que possa ser estabelecida certa consequência àquele comportamento perigoso, esta não precisaria ser verificada em concreto. Diremos adiante, todavia, que isto não representa um afastamento absoluto em relação à importância das consequências da ação perigosa, pois se faz necessário um mínimo de potencialidade à conduta em alcançar um determinado resultado.[104]

Os crimes de perigo abstrato, conforme defendemos, não constituem uma única categoria delitiva, tampouco a simplificação de sua posição de antagonismo em relação aos crimes de perigo concreto conseguiria alcançar o seu significado preciso. Esse é, para nós, um dos grandes equívocos de parcela da doutrina que defende a ilegi-

---

[99] ANGIONI Francesco. *Il pericolo concreto come elemento della fattispecie penale: la struttura oggettiva*. 2ª ed. Milão: Giuffré Editore, 1994, p. 83, para quem o juízo de perigo, diferentemente daquele do resultado, é sempre *ex ante*: "Il giudizio di risultato è sempre ex post, e il giudizio di pericolo sempre ex ante".

[100] Cf. MENDOZA BUERGO, 2001, p. 18.

[101] O crime de dirigir sem ser habilitado, previsto no Código de Trânsito Brasileiro, é um bom exemplo de crime de perigo concreto, uma vez que o simples fato de conduzir automóvel sem o respectivo título implica apenas em infração administrativa, sendo preciso que o agente venha a gerar perigo de dano para que se possa configurar a infração penal, Cf. art. 309, do Código de Trânsito Brasileiro.

[102] Interessante a crítica à terminologia empregada para definir esses crimes, seja crime de perigo abstrato, seja de delito de abstrata colocação em perigo, eis que somente trataria das situações de perigo concreto. Cf. MENDOZA BUERGO, 2001, p. 33-34; também contrário à denominação "perigo abstrato" encontra-se ROMEO CASABONA Carlos María. *Conducta peligrosa e imprudencia en la sociedad de riesgo*. Granada: Comares, 2005, p. 106; há autores, contudo, que chegam a rechaçar, veementemente, a existência dos delitos de perigo abstrato no ordenamento jurídico-penal. Cf. BAIGÚN, 2007, p. 23.

[103] Neste sentido: MENDOZA BUERGO, 2001, p. 19.

[104] Em sentido semelhante: MENDOZA BUERGO, 2001, p. 22, quando afirma que a ausência da exigência do resultado nos crimes de perigo abstrato não o transforma em crimes de "mera actividad".

timidade dos delitos de perigo abstrato, pondo, assim, num mesmo tópico, categorias delitivas distintas entre si.

Os delitos de perigo abstrato podem ser subdivididos em três categorias:[105] violação de regras ético-sociais (ou religiosas), mera desobediência ou injusto administrativo e crimes de perigo hipotético. A partir destas três espécies de incriminações, poderemos abranger, com certa precisão, todas as modalidades dos delitos de perigo abstrato. No entanto, apesar de serem espécies de um mesmo gênero (perigo abstrato), devem merecer um tratamento penal distinto, conforme detalharemos a seguir.

Logo de início, os delitos de perigo abstrato que instrumentalizam mera desobediência a regras administrativas, bem como aqueles que trazem nos tipos valores éticos ou religiosos como dignos de proteção não se legitimariam diante de um direito penal democrático, que tem por fim tutelar os interesses mais relevantes do convívio social e que, por essa razão, não deve ater-se à mera desobediência ou proteção de valores éticos. Nesse ponto, concordamos com aqueles que defendem serem tais incriminações violadoras dos postulados fundamentais do direito penal (ofensividade, culpabilidade e necessidade).[106]

O mesmo, diga-se, já não ocorre com a terceira categoria de perigo abstrato, denominada de delito de perigo hipotético.[107] Aqui, não apenas a subsunção formal entre a ação concreta e a norma penal é exigida para a configuração do delito, sendo necessária, além disso, a identificação de uma hipótese de perigo possível na conduta, quer dizer, a possibilidade ou potencialidade da ação concreta em causar algum resultado lesivo ao bem jurídico tutelado, sendo necessário, portanto, identificar a sua idoneidade em lesar bens jurídicos,[108] superando, assim, a mera interpretação formal do tipo de perigo.[109]

---

[105] Utilizamos aqui a classificação de TORÍO LÓPEZ, 1981, p. 827-828, por entender que consegue alcançar a definição dos delitos de perigo abstrato com a nitidez que reputamos conveniente para o esclarecimento do assunto.

[106] Podemos identificar a violação do princípio da culpabilidade nos denominados "delitos de acumulação", em que a ação individual concreta, de uma forma isolada, não representaria uma situação de flagrante perigo ao bem jurídico que se deseja proteger, mas, por outro lado, o acúmulo de inúmeros comportamentos no mesmo sentido, isto sim o que se quer efetivamente evitar, exporia o bem jurídico efetivamente à situação de perigo. Cf. SILVA SANCHÉZ, Jesús-María. *La expansión del derecho penal. Aspectos de la política criminal en las sociedades postindustriales.* Madrid: Civitas Ediciones, 1999, p. 110; a conduta indevida não gera a perigosidade abstrata que se presume como o próprio motivo da punição. Cf. MENDOZA BUERGO, 2001, p. 61.

[107] Mais uma vez utilizamos a conceituação de TORÍO LÓPEZ, 1981, p. 828.

[108] Neste sentido: SILVA DIAS, 1998, p. 554, ao tratar dos crimes de perigo comum; assim como MENDOZA BUERGO, 2001, p. 38-39, entendemos que a denominação "perigo hipotético" é mais adequada do que a terminologia "perigo abstrato-concreto" desenvolvida pela doutrina

Além disso, é preciso o cumprimento de uma última etapa, denominada de normativa ou axiológica, em que o intérprete procederá a um juízo de valor da ação ilícita, a fim de detectar se o comportamento perigoso mostrou-se contrário ou não aos fins da norma, ou seja, se era realmente aquele tipo de conduta que se pretendia reprimir através do modelo de perigosidade contido na incriminação.

Nos crime de perigo hipotético, como o são, por exemplo, os delitos de falso testemunho e a ameaça, tipificados, respectivamente, nos arts. 342 e 147 do Código Penal brasileiro, em que pese não ser necessária a comprovação do perigo *ex post*, é possível identificar um desvalor da ação da qual se extrai a possibilidade de produção de um determinado resultado (desvalor potencial do resultado).[110] Este traço de distinção o deixa, sem dúvida, longe da crítica generalizada aos crimes de perigo abstrato, uma vez que a aptidão ou potencialidade, quanto ao resultado lesivo, o distingue daquelas incriminações fundadas na mera conduta ou numa automática subsunção formal entre a ação concreta e o modelo de perigosidade proibido pelo tipo.

Ainda nesta passagem introdutória, reputamos importante esclarecer que, ao tratar da análise dos crimes de perigo abstrato, tomamos por base uma relação de probabilidade entre ação e resultado. Sobre este aspecto, vale a pena trazermos à discussão o pensamento de Angioni, ao defender que esta relação de probabilidade entre o fato criminoso e o seu resultado é futuro e incerto, devendo, portanto, ser verificado independentemente da ocorrência ou não do resultado lesivo.[111]

Isso não significa dizer que a avaliação dos crimes de perigo ocorre divorciada da realidade, uma vez que o juízo de desvalor da ação perigosa há que se pautar em dados empíricos, devendo-se ater, o julgador, aos dados concretos da realidade,[112] avaliando-se as características da ação perigosa a fim de se constatar sua aptidão para afetar um bem jurídico-penal.

Seguindo-se mais adiante, essa relação de potencialidade ou probabilidade entre a ação perigosa e o resultado lesivo deve elevar-se ao patamar de possibilidades reais e idôneas. Encontramos em Rocco que, quanto maior for a verificabilidade ou viabilidade de um fenô-

---

alemã; nos "delitos obstáculos" não verificamos esta idoneidade da ação em produzir dano ao bem jurídico. Cf. CUESTA PASTOR, 2002, p. 45.

[109] Neste sentido: SCHÜNEMANN, 2007, p. 223.

[110] Cf. MENDOZA BUERGO, 2001, p. 42

[111] ANGIONI, 1994. p. 37.

[112] Ibid., p. 37-38.

meno, maior será sua realização ou verificação. A idoneidade de um fenômeno significa, portanto, a sua *causalità in potenza*, de modo que um determinado fenômeno, para ser tido como causa de algo, deve ter idoneidade ou capacidade para atingir este efeito.[113]

Assim, diante desta perspectiva de natureza puramente objetiva, ainda que não forneça explicação suficiente quanto à construção dogmática dos crimes de perigo abstrato, já nos serve, todavia, para a elucidação desta relação primária, de caráter objetivo, imprescindível à legitimação do modelo de perigosidade abstrata.

Dissemos, portanto, que se trata de uma primeira relação, cuja eficiência se verifica sob um viés puramente objetivo, ou seja, uma relação entre possibilidade e realidade absolutamente divorciada da perspectiva subjetiva.[114] Os crimes de perigo abstrato, então, buscam afastar a insegurança quanto às possibilidades de disposição de um determinado bem jurídico pelo seu titular,[115] cujo valor acaba sendo abalado com a conduta criminosa do agente, impedindo que o bem possa ser utilizado, integralmente e com certa segurança, pelo seu proprietário.[116] Veremos, mais adiante, que a essa potencialidade objetiva[117] há que se aderir, através da ação concreta, a subjetividade necessária à complementação do injusto penal e, com isso, alcançar a legitimação dos crimes de perigo abstrato através da sua harmonização com o princípio da culpa.

A avaliação normativa dos tipos de perigo abstrato em nada difere do juízo de valor que é feito em relação aos crimes de dano, devendo o juiz realizar uma interpretação teleológica do dispositivo penal, a fim de identificar a correlação ou não entre a ação potencialmente lesiva e os fins da norma. Assim, do mesmo modo que nem todas as condutas que causem a morte de alguém, dentro de um determinado fenômeno causal, poderão configurar homicídio, também não será crime de perigo abstrato toda e qualquer ação que viole, formalmente, a norma de perigo, de tal modo que não seja possível extrair do

---

[113] Cf. ROCCO. Arturo. *L'oggetto del reato e della tutela giuridica penale.* Torino: Bocca editori, 1913, p. 298-303; visão semelhante encontramos em BAIGÚN, 2007, p. 5, para quem a idoneidade do risco reside na lei de probabilidade e possibilidade, que é utilizada pela doutrina para afirmar uma relevância do nexo causal; alguns autores distinguem possibilidade de probabilidade, sendo esta "a medida quantitativa de realização daquela", Cf. BAIGÚN, 2007, p. 10; também em ROCCO, 1913, p. 295-299

[114] BAIGÚN, 2007, p. 10.

[115] Neste sentido: KINDHÄUSER, 1996, p. 81.

[116] KINDHÄUSER, 1996, p. 84.

[117] interessante nota distintiva entre possibilidades reais de possibilidades formais encontramos em BAIGÚN, 2007, p. 9.

comportamento perigoso a sua relevância jurídico-penal para o tipo,[118] ainda que nela se encontre uma clara situação de potencial perigo ao bem jurídico.

Percebemos, no decorrer da nossa análise, que as objeções mais comuns voltadas aos crimes de perigo abstrato não conseguem transpor o simples limite semântico, tampouco conseguem arranhar os requisitos conformadores da sua construção dogmática (perigo hipotético), que ao exigir algo mais do que a mera subsunção formal entre tipo e conduta, acaba por legitimar, definitivamente, o emprego deste modelo de perigosidade no direito penal.

3.2. Os crimes de perigo abstrato enquanto instrumento efetivo de realização das necessidades da sociedade moderna

A análise dos crimes de perigo abstrato e a sua legitimação dentro do moderno direito penal, conforme frisamos anteriormente, passa pelo necessário estudo do papel do homem na modernidade, para que possamos, com isso, entender as exigências intangíveis da existência humana, cuja intervenção penal constituiria um fenômeno inalienável da realização deste homem do novo milênio.

Nessa análise, o bem jurídico não pode se apresentar desligado da existência de seu titular. Assim, um comportamento proibido, para alcançar a dignidade penal, tem que atingir aqueles interesses tidos como essenciais[119] ao exercício pleno da liberdade, sem afastar-se, contudo, de sua articulação com a dimensão complexa da existência humana.

Os tipos penais, portanto, não se legitimam apenas pela existência de um bem jurídico, mas sim, pela presença do seu necessário referente pessoal. Por esse motivo, parte da doutrina parece inclinar-se na defesa de uma teoria do bem jurídico que se fundamente na digni-

---

[118] Cf. TORÍO LÓPEZ, 1981, p. 844, quando afirma o autor que: "únicamente es típica la acción descrita legislativamente, peligrosa para el bien jurídico, desaprobada por la norma jurídica base del tipo penal".

[119] Bens jurídicos seriam "aqueles fundamentais à vida comunitária e ao livre desenvolvimento da pessoa e que, por isso mesmo, hão de encontrar refracção no texto e na intencionalidade da Constituição, em matéria seja de direitos individuais, seja de direitos sociais, seja de organização política e económica". Cf. FIGUEIREDO DIAS, 2001, p. 586; PALMA, Maria Fernanda. "Constitutions et droit pénal". *Annuaire International de Justice Constitutionnelle – XXVI*, Aix-en-Provence, set. 2010, p. 334.

dade da pessoa,[120] ou seja, numa concepção cunhada na necessidade de se proteger interesses valiosos e, por esta razão, necessários à convivência harmoniosa em sociedade.

As incriminações que se relacionam diretamente com a lesão de bens jurídicos fundam-se na valorização de um determinado bem, em vista da relação existente entre o seu titular e o objeto de proteção, de modo que a tutela não se refere ao bem jurídico, isoladamente, mas sim à relação existente entre o bem e o seu respectivo titular,[121] conforme assim o define Kindhäuser. Desse modo, ao proteger-se a vida no crime de homicídio, reconhece-se o seu valor intrínseco em razão da sua relação de importância para o homem, pois ao proteger-se um determinado bem jurídico, na verdade, se está protegendo a pessoa.

Nesse contexto, o direito penal deve estar aberto às novas necessidades sociais, a fim de cumprir o seu papel de realizador dos interesses humanos essenciais, não podendo relacionar-se, unicamente, a uma perspectiva minimalista de tutela de bens jurídicos individuais. Emerge, assim, a necessidade da legitimação de um direito penal que se volte à proteção de interesses individuais e supraindividuais, seja quanto à lesão concreta destes bens, seja relacionado à perspectiva antecipada ou de prevenção da sua lesão.

Não obstante, a completude de tal visão do direito penal há que se concretizar através de um novo modelo de política criminal, distante da noção clássica individualista e fundado no reconhecimento.[122]

---

[120] Também em FIGUEIREDO DIAS, 2001, p. 597, o autor afirma o seguinte: "tendo eu, em escritos anteriores, por diversas vezes e com insistência, manifestado a minha crença nos benefícios que um pensamento funcional traz à doutrina jurídico-penal, nunca quis ver nele o alfa e o ômega da concepção penal e sempre reafirmei, pelo contrário, a minha convicção de que é na preservação da dignidade da pessoa – da pessoa do delinquente e dos outros – 'que radica o axioma onto-antropológico de todo o discurso jurídico-penal'"; podemos absorver um significado semelhante do direito penal nas precisas palavras de JESCHECK, quando, ao refletir sobre o futuro do direito penal, tratou de introduzir o homem na sua completude dentro do discurso jurídico-penal, estando, portanto, o legislador, limitado pela dignidade daquele que comete uma infração penal, afastando-se, assim, da ideia de "coisificação" do criminoso (*arm Ding*), característica de um direito penal que não reconhece o homem enquanto pessoa. Cf. JESCHECK, Hans-Heinrich. *Das menschenbild unserer zeit und die strafrechtsreform*. Tübingen: J. C. B. Mohr, 1957, p. 4-6.

[121] KINDHÄUSER, 1996. p. 65.

[122] Importante o pensamento de FIGUEIREDO DIAS, 2001, p. 592-593, ao afirmar que: "não pode haver nem Filosofia, nem Ciência de qualquer categoria, da Natureza ou do Espírito, sem supostos básicos subjacentes, nestes entra, com importância decisiva, a imagem do homem, ou do projecto de homem como ser dotado de uma liberdade que o acompanha como seu característico e ineliminável modo-de-ser, de uma liberdade que se realiza no mundo e que o obriga, como dever, à 'participação' na humanidade histórica. Justamente por aqui se tornando seu elemento determinante uma atitude de 'abertura' e de 'solidariedade' – no preciso sentido do 'reconhecimento do outro' – através da qual ele não recuse o seu contributo para a humanização do mundo e da história".

Esse reconhecimento do outro enquanto pessoa não significa somente aceitar sua liberdade,[123] mas também respeitar as escolhas feitas ao longo de sua existência e a sua visão de mundo, inclusive no que tange aos denominados "objetivos supraindividuais".[124]

Para se chegar a esse grau de compreensão, faz-se necessário o entendimento e aceitação da existência de uma complexa ordem de valores que se harmonizam com a concepção contemporânea de homem, onde os grandes riscos à segurança das pessoas e a proteção dos interesses supraindividuais constituiriam uma das missões do direito penal na realização de sua função primordial de promoção do homem e da vida humana.[125]

Esse processo social de reconhecimento do outro, todavia, depende de uma análise interior e precedente que se relaciona com a própria ideia de autoconhecimento. O primeiro passo seria, então, conhecer-se a si mesmo, para, a partir daí, reconhecer o outro. Somente percorrendo esse caminho é que o direito penal poderá livrar-se das amarras clássicas e assumir-se, integralmente, enquanto legítimo instrumento de proteção do homem contemporâneo.

É nesta intersubjetividade, fundada na identidade e reconhecimento, que se origina a identidade do grupo numa determinada sociedade. Desse modo, as regras jurídicas somente poderiam ser compreendidas como legítimas e racionais se, de fato, gerissem os interesses generalizados, representando não uma exclusão de interesses, mas, ao contrário, a inclusão de uma moral universal fundada em interesses generalizáveis.[126] Tal contexto não há como se efetivar limitado a uma ordem inflexível de interesses individuais impeditivos à evolução do direito penal e do seu alinhamento a estas novas necessidades da sociedade moderna.

---

[123] Para Hegel, "a pessoa, para existir como ideia, deve dar-se uma esfera externa de liberdade", e, indo mais além, "o imediatamente diferente do espírito livre é, para si e em si, o exterior, em geral, uma coisa, um algo de não-livre, não pessoal, não jurídico". Cf. HEGEL, Guillermo W. Federico. *Filosofia del derecho*. Tradução de Angélica Mendoza de Montero. Buenos Aires: Editorial Claridad, 1968, p.71.

[124] STRATENWERTH, Günther. La criminalización en los delitos contra bienes jurídicos colectivos. Tradução de Iñigo Ortiz de Urbina Gimeno e Margarita Valle Mariscal de Gante. In: *La teoría del bien jurídico: fundamento de legitimación del derecho penal o juego de abalorios dogmático?* Madrid: Marcial Pons, 2007, p. 369.

[125] Neste mesmo sentido: BORGES, Anselmo. *Corpo e transcendência*. Porto: Fundação Eng. Antônio de Almeida, 2003, p. 94 e segs., para quem a ação humana deve ancorar-se no princípio ético da "veneração da vida", o que está ligado à ideia de "fazer parte de tudo o que vive", onde o homem é "natureza humanizada", como também o é "corpo e existência corpórea"; mesma posição é a defendida por FIGUEIREDO DIAS, 2001, p. 593, ao afirmar que "(...) impõe-se que a humanidade, se quiser ter futuro, se tenha de tornar sujeito comum de responsabilidade pela vida".

[126] CUELLO, 1981, p. 467.

É na intersubjetividade comunicativa que serão discutidos e eleitos os valores e normas que formam a experiência normativa, conforme bem delineado por Silva Dias.[127] Através dela se formam as noções de consenso e conflito. No consenso concentram-se as expectativas do bem, daquilo que há de valioso numa comunidade de interesses e serve à própria coesão da sociedade. No conflito, ao contrário, o que temos é o desvalor enraizado nas "práticas de desprezo e de negação da dignidade e da solidariedade humanas".[128]

Funda-se, assim, o direito penal contemporâneo, no fenômeno da intercompreensão, que consiste numa espécie de atitude desenvolvida por aqueles que participam dessa interação, implicando, assim, uma forma de acordo entre si e "sobre qualquer coisa no mundo",[129] em que o fundamento de validade do direito penal deve ser resultado daquela experiência intersubjetiva que elege os valores que constituirão a base dos interesses individuais e supraindividuais vigentes numa determinada sociedade, sendo a sua negação o fundamento ético da intervenção penal. Neste mundo moderno, o direito penal não pode se erguer sobre fundamentos voltados, unicamente, a uma individualidade divorciada do mundo ou a um funcionalismo que rompe com essa experiência axiológica conformadora de uma espécie de "consciência colectiva".[130] Este processo de intercompreensão se solidifica através da integração por meio de normas e valores, num processo que se inicia na experiência normativa da comunidade em que podemos identificar a raiz axiológica e ética da validade jurídico-penal, e, inclusive, a própria socialização das gerações futuras.

A ideia de "homem unidimensional", voltado para si mesmo, apresenta-se, dessa forma, ultrapassada. A fronteira da individualidade transcende ao patamar de "existência comunicativa", do "existir-com-os-outros" e do "existir-no-mundo". Torna-se, assim, imprescindível assentarmos as bases da justificação do direito penal sobre o fenômeno de integração social fundado no mundo de vida, enquanto "acervo (horizonte) de experiência prático-quotidiana, significativo-normativa, gerada intersubjectivamente e com base na qual se efectiva a integração social".[131]

---

[127] SILVA DIAS, Augusto. "Delicta in se" e "delicta mere prohibita": uma análise das descontinuidades do ilícito penal moderno à luz de reconstrução de uma distinção clássica". Coimbra: Coimbra Editora, 2008, p. 584.

[128] Ibid., loc. cit.

[129] HABERMAS, Jürgen. O discurso filosófico da modernidade. Tradução de Ana Maria Bernardo, José Rui Meirelles Pereira [et. al.]. Lisboa: Publicações Dom Quixote, 1990, p. 277.

[130] SILVA DIAS, 2008, p. 588.

[131] SILVA DIAS, 2008, p. 318.

Essa experiência é sempre comunicativa e continuada, de modo que o homem e a sociedade não constituem um estado paralisado, mas sim, um estado que segue seu fluxo, que age e interage, dentro do binômio espaço-tempo. Em melhores palavras, a experiência prática é "comunicativa, histórica, ou seja, uma experiência continuada, com passado, presente e futuro".[132]

Tal concepção de mundo de vida é capaz de nos conduzir a uma compreensão do direito penal e da própria sociedade enquanto um estado de coisas dinâmico e livre, de modo que essa ligação comunicacional entre passado, presente e futuro representaria um campo aberto ao florescer de um direito penal das sociedades pós-industriais, que não só requer, como também exige, ser reconhecido enquanto instrumento legítimo de promoção da liberdade e da vida digna.

Parece-nos claro, portanto, que a visão minimalista de um direito penal prisioneiro das pautas liberais, cuja legitimidade estaria limitada, intransigentemente, à proteção atual dos denominados bens jurídicos individuais, representaria um marco teórico absolutamente antagônico a essa intersubjetividade geradora da integração social.

Uma sociedade deve reproduzir-se como uma entidade aberta, universalista, buscando sempre um ponto de equilíbrio, que ao mesmo tempo em que rompe com o individualismo egoísta e unidimensional, não poderá pulverizar a existência humana numa espécie de "multidão uniforme", devendo-se, então, moldar uma espécie de *standard* da vida digna.[133]

Esse equilíbrio, que podemos também chamar de "ligação", é o que vai unir a pessoa à sociedade a que pertence. A existência humana individual, diferentemente desse "existir-com-os-outros", esgota-se numa existência limitada e temporal. É preciso encontrar este elo entre o passado e o futuro construído a partir de uma complexa relação social, que ao mesmo tempo em que respeita as tradições, cultura e necessidades, não perde de vista a pessoa.[134]

É a partir da constatação de uma identidade racional que será elaborado o plano de regras e normas que irão reger a vida social, pautada na superação das opiniões fundadas nos limites das subjeti-

---

[132] SILVA DIAS, 2008, p. 320.

[133] MARTINS, Guilherme d'Oliveira. "Identidade e diferença. A cultura como factor de defesa e de coesão". *Nação e Defesa*, Lisboa, n. 119, 2008 (primavera), p. 169; em ESER, 1998, p. 41, é possível percebermos a sua preocupação de que as lesões a interesses individuais não podem ser consumidas pela violação geral do direito.

[134] "apenas a pessoa humana pode unir o tempo". Cf. ZAMBRANO, Maria. *Pessoa e democracia*. Tradução de Inês Trindade. Lisboa: Fim de Século Edições, 2003, p. 137.

vidades, assegurando, nessa comunicação, as "relações de intercompreensão" e as "relações de reconhecimento recíproco".[135] É através deste processo de reconhecimento recíproco em que se reconhece o outro como igual e livre que se produz a experiência comunicativa geradora da experiência normativa comum.[136]

O reconhecimento do outro, assim, converte-se num padrão democrático, em que o respeito à vida digna emerge como fundamento da sociedade moderna, sendo o desprezo por tais valores a própria negação desse reconhecimento, o que abre caminho à intervenção penal através da criminalização dos comportamentos que venham a romper com essa relação de reconhecimento recíproco, gerando aquilo que Silva Dias com bastante precisão denomina de "deslealdade comunicativa".[137] A dignidade, então, ultrapassa as fronteiras do indivíduo e da sociedade e deste feixe de relações sociais complexas, em que a razão comunicacional lhe confere sentido, é de onde podemos extrair o centro de gravidade da dignidade penal, cujas normas devem se fundar no postulado democrático do reconhecimento do outro[138] enquanto ser livre e igual, afastando-se, assim, de um modelo de sociedade do desprezo e da invisibilidade.[139]

Esse reconhecimento recíproco é também vivência ou experiência comunitária, de modo que a sua consolidação está diretamente relacionada com a atitude exterior, ou melhor, é resultado não de uma interiorização da noção de respeito pelo outro, mas sim do tratamento mútuo de respeito entre os sujeitos que se autocompreendem reciprocamente como sujeitos iguais e livres. Deste reconhecimento recíproco de ordem externa extraímos a ponderação de Silva Dias ao enfatizar que o sujeito não poderia ser pensado de forma isolada, fora do contexto de uma vivência comunitária, pois "o homem (tal como todos os seres finitos em geral) só se torna homem entre os homens".[140]

---

[135] HABERMAS, 1990, p. 291-292.

[136] Cf. SILVA DIAS, 2008, p. 603.

[137] Ibid., p. 604.

[138] "Não é possível eleger-se a si mesmo como pessoa sem eleger, ao mesmo tempo, os restantes. Eis que os restantes são todos os homens". Cf. ZAMBRANO, 2003, p. 174.

[139] HONNETH, Axel. *La sociedad del desprecio*. Tradução de Francesc. J. Hernàndez y Benno Herzog. Madrid: Trotta, 2011, p. 166-167; Nesse mesmo sentido SILVA DIAS, 2008, p. 614, ao afirmar o seguinte: "Se a juridicidade se baseia e traduz no reconhecimento recíproco de seres livres e iguais, a antijuridicidade será logicamente constituída pela negação do reconhecimento, ou seja, pela interrupção unilateral da relação de reciprocidade. Surge então a experiência comunitária, intersubjectiva, do desrespeito ou do desprezo".

[140] SILVA DIAS, 2008, p. 608-613.

É importante alertarmos, todavia, que a negação do reconhecimento recíproco é necessária, mas não suficiente à intervenção penal. É preciso mais do que isso! Mister se faz, então, que sejam observados os critérios de justiça e utilidade da criminalização.[141] Nesse aspecto, haverá comportamentos que se encontrarão legitimados dentro de outros sistemas de controle, ou mesmo dentro do âmbito de atuação do direito civil, ficando, portanto, de fora dos limites da intervenção penal.

A partir deste ponto do nosso trabalho, portanto, já é possível começarmos a construir algumas conclusões. Uma das mais importantes delas é, sem dúvida, a de que a existência de bens jurídicos supraindividuais e delitos de perigo abstrato consistem numa forma legítima de intervenção penal. É preciso, contudo, compreender que não se trata de uma existência dissociada do necessário referente pessoal que reputamos imprescindível a toda política criminal, principalmente em se tratando de crimes de perigo abstrato.[142] Assim, para se construir uma noção de crimes de perigo abstrato que se ajuste a esta perspectiva da modernidade, há que se considerar a diversidade da existência humana, que não se realiza unicamente no plano individual e numa mera relação de proximidade, mas que também é forjada no plano coletivo,[143] emergindo daí o horizonte de validade jurídico-penal contemporânea.

4. OS PRINCÍPIOS DA CULPA E DA PRECAUÇÃO E OS CRIMES DE PERIGO ABSTRATO

4.1. A compatibilidade entre os crimes de perigo abstrato e o princípio da culpa

Os delitos de perigo abstrato vêm sofrendo intensas e continuadas críticas por grande parte da doutrina, tendo como um dos princi-

---

[141] SILVA DIAS, 2008, p. 625.

[142] Referendamos o contributo de HASSEMER à teoria do bem jurídico, contudo não sublinhamos o entendimento que dispensa ao direito penal, ao concebê-lo como uma intervenção que se volta exclusivamente à tutela de bens jurídicos individuais ou que possam ser reconduzidos à noção de interesses concretos individuais, e, assim, pregando a exclusão de bens jurídicos universalizáveis e transindividuais. Cf. HASSEMER,1993, p. 56-57.

[143] "(...) sem prejuízo do axioma onto-antropológico sobre o qual repousa toda a matéria penal, ao lado dos bens jurídicos individuais ou dotados de referente individual e ao mesmo nível de exigência tutelar autónoma, existem autênticos bens jurídicos sociais, trans-individuais, trans-pessoais, colectivos, ou como quer que prefiramos exprimir-nos a propósito". FIGUEIREDO DIAS, 2001, p. 603; FIGUEIREDO DIAS, 2001, p. 612, cita a expressão "ser-com" e "ser-para" os outros no mesmo sentido que, com inspiração no próprio autor português, inserimos a expressão "existir-com-os-outros"; sobre o não reconhecimento como função do direito penal a garantia desses bens pessoais, centralizando na norma definidora do comportamento punível aquilo que realmente interessa ao direito penal, Cf. JAKOBS, 1995, p. 44-47.

pais argumentos o de que não se ajustariam aos postulados garantistas do Estado de Direito democrático, em razão da violação de diversos princípios que formam a base de proteção constitucional do indivíduo, dentre eles o princípio da culpa.

Não afastamos a pertinência de algumas dessas críticas, porém não podemos aceitar que dentro do debate jurídico sobre os limites do direito penal, faça-se *tabula rasa* da realidade intangível de que a cada ano, mundo afora, mais e mais crimes de perigo abstrato são introduzidos no sistema penal. A solução, portanto, não se limita ao discurso abstrato e pouco efetivo, mas sim, assim o pensamos, deve ter como ponto de partida a concretização dos princípios constitucionais sem, contudo, afastar-se da realidade prática da existência de um direito penal em expansão.

Não queremos defender, entretanto, o aniquilamento das garantias constitucionais. O que propomos, ao contrário, é justamente o oposto, ao defendermos é uma maior amplitude garantista em relação às incriminações que seguem o modelo de perigo abstrato, de modo que os princípios constitucionais venham a cumprir, efetivamente, o seu conteúdo material.

Conforme bem alertado por Mendoza Buergo, incontáveis são as situações que podemos destacar do direito penal atual em que constatamos uma permanência puramente formal dos princípios constitucionais, indicando tal conjuntura uma realidade flagrantemente não garantista.[144]

As pautas do Estado de Bem-Estar Social, como sabemos, exigem uma maior realização das necessidades humanas, o que não significa dizer que devam ser rechaçados os princípios garantistas conformadores do direito penal democrático. O que deve existir, ao contrário, é um ajuste, ou melhor, uma harmonização, entre as pautas sociais e o direito penal moderno, de modo a trazer um equilíbrio, sempre complicado, porém necessário, entre liberdade e segurança.

A harmonização passa por aquilo que se denomina de "espaços de consenso",[145] em que o mínimo que se exige para a autorrealização humana há que ser garantido pelo Estado. Sob esta perspectiva, a intervenção estatal no domínio da liberdade possui uma conotação

---

[144] Cf. MENDOZA BUERGO, 2001, p. 348-349, quando cita como exemplo dessas manifestações de descumprimento material dos princípios constitucionais o abuso de norma penal em branco e de cláusulas gerais, o emprego de conceitos indeterminados e fixação do injusto penal simplesmente na sua vinculação a uma infração administrativa.

[145] SILVA SÁNCHEZ, Jesús-Maria. "Una primera lección de derecho penal". In: *Derecho penal del Estado Social y democrático de derecho*. Madrid: La Ley, 2010, p. 77.

positiva, no sentido em que assegura e garante a realização das condições mínimas da vida digna. Nessa tarefa de promover as condições básicas da existência livre,[146] insere-se, como não poderia deixar de ser, a intervenção penal voltada para a proteção preventiva de bens jurídicos, inclusive aquela que se dá por meio dos crimes de perigo abstrato.

As pautas sociais da modernidade necessitam de concretização através da intervenção penal preventiva, que, conforme dissemos, pode muito bem ser compatível com os princípios garantistas do Estado de Direito.[147] Não podemos tentar resolver a problemática que envolve os crimes de perigo abstrato na ingenuidade do discurso do "tudo ou nada". A melhor solução, pensamos, consiste justamente naquela que busca um equilíbrio entre a neocriminalização e os princípios do Estado de Direito democrático. Para isso, há que se voltar o olhar à realidade que aí está, onde os crimes de perigo abstrato cada vez mais ocupam posição de destaque no sistema penal, devendo-se buscar, em razão disso, uma solução que ofereça as maiores garantias possíveis com o mínimo necessário de intervenção na liberdade.

Os crimes de perigo abstrato sofrem forte objeção por pressuporem uma situação de perigosidade abstrata sem que seja necessária a sua confirmação em concreto, o que acabaria implicando uma hipótese de presunção do injusto e, consequentemente, uma forma de violação do princípio da culpa. Desse modo, mesmo ante a absoluta ausência de perigosidade da ação concreta, ainda assim, pela mera subsunção formal ao modelo genérico de perigo, já se presumiria, *iuris et de iure*, a perigosidade da ação.

Iniciamos por dizer que não podemos concordar com tal objeção, já que subsidia alguns aspectos contraditórios e merecedores de uma maior atenção. O primeiro deles, sem dúvida, é o equívoco semântico na apreciação dessa perigosidade abstrata. Como já afirmamos anteriormente, os crimes de perigo abstrato não constituem uma única categoria, classificando-se em espécies diversas, cada uma com características dogmáticas próprias e, por esta razão, horizontes de legitimação variáveis.

Dessa maneira, ao incluir sob a tipologia de delitos de perigo abstrato todas as espécies de incriminação desta natureza, sem fazer nenhuma diferenciação entre as subespécies conformadoras de tal

---

[146] KAHLO, Michael. "Sobre la relación entre el concepto de bien jurídico y la imputación objetiva en derecho penal". In: *La teoría del bien jurídico: fundamento de legitimación del derecho penal o juego de abalorios dogmático?* Madrid: Marcial Pons, 2007, p. 56.

[147] MENDOZA BUERGO, 2001, p. 352.

modalidade de perigo, resulta desta imprecisão uma crítica injusta e equívoca, por tratar de maneira uniforme construções típicas absolutamente divergentes. Além disso, conforme iremos desenvolver mais adiante, a possibilidade da utilização da prova negativa do perigo fulminaria com esta presunção *iuris et de iure* ao substituí-la pela presunção *juris tantum* da situação de perigo.

Diante dessa constatação prévia, partiremos para a efetiva análise do princípio da culpa nos crimes de perigo abstrato. Centralizaremos nos delitos de perigo hipotético nosso objeto de estudo por conservarem, conforme dissemos, a legitimidade não verificável nas outras espécies de perigo abstrato. A objeção sublinhada por parte da doutrina, quanto à violação do princípio da culpa, residiria na afirmação de que o modelo de perigo abstrato, alheio à análise judicial da perigosidade concreta, ou melhor, divorciado da idoneidade do comportamento perigoso, na realização de uma situação de risco ao bem jurídico tutelado, impediria a aferição do conteúdo material do injusto e, desse modo, ante a ocorrência apenas de presunção da periculosidade, restaria violado o princípio da culpa.[148]

Nos crimes de perigo hipotético, ao contrário dos demais modelos de perigo abstrato, não conseguimos enxergar tal violação. Isso porque a sua própria construção dogmática segue na direção oposta a tal crítica, uma vez que o modelo de perigosidade geral, previsto no tipo, é apenas um indicativo do injusto material, cabendo, ainda, na situação concreta, verificar se houve ou não idoneidade na conduta perigosa, ultrapassando, portanto, a fronteira da suficiência da mera violação formal da norma de perigo, convertendo-se esta análise numa espécie de prova positiva da aptidão ou idoneidade da conduta para lesar o bem jurídico.

É importante que se diga, e é essa interpretação que extraímos do pensamento de Cramer, que, na análise inicial dos crimes de perigo abstrato há que se focar a atenção na fronteira que divide uma ação idônea daquela absolutamente inidônea. Devemos afastar do punível aqueles comportamentos humanos que não tenham a capacidade de produzir algum prejuízo ao interesse juridicamente tutelado.[149] Assim, com a verificação da potencial perigosidade da ação, através da "potencial afetação do bem jurídico decorrente da ação concreta do agente",[150] é onde encontraremos a compatibilidade entre os crimes de perigo abstrato e o princípio da culpa.

---

[148] Neste sentido: MENDOZA BUERGO, 2001, p. 86-87.

[149] Cf. CRAMER, 1962, p. 66.

[150] Cf. MENDOZA BUERGO, 2001, p. 195.

As considerações que trouxemos acerca da construção proposta por Cramer, todavia, merecem algum reparo. Apesar de sublinharmos o seu pensamento no que toca à análise do desvalor da ação perigosa, ou seja, da intensidade do comportamento abstratamente perigoso, não concordamos, todavia, com a distinção que faz entre os crimes de perigo abstrato e concreto, por fundar-se numa espécie de graduação da intensidade do perigo. A diferença, pensamos, caminharia noutra direção, quer dizer, naquela do momento de formação do juízo de desvalor quanto à perigosidade da ação, que ocorreria *ex post*, no caso do perigo concreto, e *ex ante*,[151] nos crimes de perigo abstrato.

Não obstante, nossos argumentos contrários à objeção de que os crimes de perigo abstrato violariam o princípio da culpa não param por aí. É importante dizermos que mesmo em se detectando uma idoneidade da ação perigosa no plano abstrato, poderão o arguido e o Ministério Público, em sede processual, refutar esta idoneidade abstrata através da demonstração da prova negativa do perigo, comprovando que, em concreto, a situação de perigo não se verificou.[152]

Os tipos de perigo abstrato devem se pautar na racionalidade da eleição dos comportamentos efetivamente perigosos aos bens jurídicos, tarefa esta possível de se alcançar através da prova positiva da idoneidade da conduta em provocar algum dano ao bem jurídico que se pretende preservar. Entretanto, é preciso ir além, a fim de ajustar o perigo abstrato a um modelo de direito penal democrático, fazendo surgir, neste contexto, a possibilidade de uma outra prova, esta agora negativa do perigo, o que, segundo pensamos, não seria incompatível com o princípio da presunção de inocência.

Pelo contrário, é justamente essa possibilidade de afastar a situação de perigo que reforça a garantia do estado de inocência do arguido, ao permitir, diante de cada caso concreto, a possibilidade de se demonstrar que, apesar da subsunção formal entre a conduta e o modelo abstrato de perigo, em que pese a idoneidade abstrata do comportamento para causar alguma lesão ao bem jurídico, ainda assim, diante da situação concreta, a conduta jamais chegou a gerar algum risco aos bens jurídicos protegidos, de modo que estes de fato, não ficaram expostos ao perigo de dano.

---

[151] Mesma crítica encontramos em MENDOZA BUERGO, 2001, p. 201.

[152] Argumentos contrários à prova negativa de perigo podemos identificar em MENDOZA BUERGO, 2001, p. 82.

Esse modelo de perigo abstrato implicaria uma hipótese de presunção *juris tantum*[153] da situação de perigo, admitindo-se a prova negativa do perigo diante da situação concreta e rechaçando a formação do injusto a partir da simples subsunção da conduta ao modelo de perigosidade contido no tipo, o que apenas serviria de indicativo da potencialidade do resultado lesivo.

Dessa maneira, o trabalho interpretativo da jurisprudência ganha força, convertendo-se num contributo a mais ao modelo genérico de perigosidade, além de significar uma forma clara de harmonizar os crimes de perigo abstrato com o princípio da culpa. Isso significa dizer que mesmo encerrada esta etapa puramente formal poderá ainda ser afastada a imputação diante de cada situação concreta, desde que seja possível demonstrar que não houve a exposição de perigo prevista no tipo, podendo tanto o próprio arguido, como o Ministério Público, apresentarem a prova negativa do perigo.

Ao debruçarmos sobre a prova negativa do perigo, não há como não refletirmos acerca de sua função claramente garantista, ao afastar a responsabilidade penal no caso daquelas ações cuja perigosidade possa ser eliminada em concreto. Entender de outra maneira, vislumbrando nesta prova negativa uma ilegítima inversão do ônus da prova e violação dos princípios da presunção de inocência e *in dubio pro reo*, é fechar os olhos à expansão do direito penal, em que os crimes de perigo abstrato constituem uma realidade cada vez mais presente, mesmo em se tratando de tipos penais meramente formais e nos quais não seja possível encontrar a necessária idoneidade da conduta, nem afastar a hipótese de perigo presumido.

A construção que ora propomos, ao contrário, fornece ainda mais garantias ao réu, de modo que ainda lhe seria possível demonstrar a ausência de perigo na sua conduta. Este modelo distanciasse da atual realidade de alguns crimes de perigo abstrato, fundados na mera conduta ou simples violação da norma penal, em que a situação de perigo simplesmente se presume[154] e cuja subsunção da ação à proibição contida no tipo é requisito suficiente à configuração do delito.

---

[153] Parece-nos ser este também o pensamento de SILVA SANCHÉZ, 1999, p. 106, quando ao tratar do percentual de álcool no sangue exigido para os crimes de trânsito, entende que tal indicativo, se comprovado, geraria uma presunção contra o réu, que, em princípio, não seria suficiente para a imputação; em oposição a esta presunção há os que defendem a presunção *iuris et de iure*, em que não se admite a prova de que no caso concreto ocorreu a situação de perigo, eis que tal situação de perigo se supõe, de forma absoluta, da prática de determinadas ações. Cf. MENDOZA BUERGO, 2001, p. 68; em sentido contrário a esta presunção, por entender que se mostra absolutamente incompatível com o direito penal: BAIGÚN, 2007, p. 32.

[154] Neste sentido: MENDOZA BUERGO, 2001, p. 151, ao afirmar que "en ese contexto, por tanto, defender un Derecho Penal afianzado en el injusto de resultado y ofrecer en el ámbito de la

Aqui vale o alerta de Mendoza Buergo quando afirma que rechaçar a prova negativa do perigo, ao argumento de que violaria os princípios da presunção de inocência e *in dubio pro reo*, geraria uma situação tão absurda que, ao tentar proteger-se o arguido, livrando-o do ônus de demonstrar a inexistência da idoneidade do perigo na situação concreta, teria como consequência o restabelecimento da presunção legal da situação de perigo, efeito claramente mais danoso do que o cumprimento do dever inerente à demonstração da prova negativa do perigo.[155]

Tentando ser mais claro, negar-se a legitimidade da prova negativa do perigo seria o mesmo que aceitar a possibilidade da condenação do réu em razão da mera constatação do injusto formal. Uma situação como essa seria como admitir-se a validade, em si mesmo, dos princípios da presunção de inocência e *in dubio pro reo*, impondo-se a sua aplicabilidade, até as últimas consequências, mesmo em prejuízo do próprio agente.

Pensamos, ao contrário, que tais princípios devem ser aplicados quando se mostrarem materialmente benéficos, sob pena da sua utilização ter como função a mera validade formal do princípio, sem que dela se possa extrair algum benefício ao interessado, fato este que, em relação à vedação da prova negativa do perigo, acabaria significando-lhe um real e grave prejuízo.

4.2. Princípio da precaução: um novo critério de justificação dos crimes de perigo abstrato

A sociedade contemporânea, com sua dinâmica e necessidades multiplicadas, a cada instante, pelos avanços tecnológicos, influenciada pela mídia de massa e pelo consumismo imoderado capitalista, cria um peculiar modo de vida voltado cada vez mais à busca por segurança e prevenção de riscos.

Constatamos, então, no discurso sociológico atual, a existência de uma relação entre a intensificação dos riscos e modernidade. Essa percepção, seja através do fator multiplicador decorrente da mídia de massa, seja por meio do desconhecimento dos perigos que a alta tec-

---

punición de conductas abstractamente peligrosas la posibilidad, al menos en el terreno procesal, de rebatir la presunción de un peligro o de evitar el castigo de la mera violación de la norma, no puede constituir más que una propuesta de signo liberal y garantista, aunque indubitablemente puedan existir otras posibilidades más coherentes o acertadas".

[155] Cf. MENDOZA BUERGO, 2001, p. 162

nologia e as novas descobertas científicas podem trazer,[156] parece ser, até certo ponto, muito além daqueles efetivos riscos enfrentados pela sociedade moderna. Seria mesmo razoável pensarmos que a modernidade trouxe uma espécie de multiplicação dos riscos? Ou melhor, com as escusas de estarmos sendo demasiadamente simplistas, poderíamos atribuir aos incrementos tecnológicos e aos avanços da ciência, que maior conforto e qualidade de vida têm proporcionado à população, a qualidade de vetor de transformação do modelo de sociedade clássico ao modelo de sociedade do risco?

O desenvolvimento teórico da denominada "sociedade do risco" faz emergir uma pergunta fundamental: quais seriam os mecanismos e instrumentos capazes de solucionar ou minimizar os riscos produzidos pelo processo da modernização?[157]

Antes de respondermos a essa pergunta, dela podemos deduzir outras duas questões anteriores que precisam ser previamente respondidas. A primeira delas consiste em sabermos se, de fato, houve um incremento dos riscos em decorrência do processo de modernização. A segunda, por outro lado, seria a de se esse denominado "direito penal do risco", caracterizado pelos crimes de perigo abstrato, pelos delitos econômicos e pela proteção penal do meio ambiente, consistiria numa política criminal legítima e necessária a fornecer uma responder satisfatória àquela pergunta fundamental.

Comungamos, neste ponto, do mesmo pensamento esposado por Sousa Mendes, no sentido de que seria esse modelo de sociedade do risco incompatível com a real visão de mundo[158] com a qual deveria se fundar qualquer interpretação que se fizesse da realidade.[159] Nesses termos, não há como alinharmos com a posição catastrófica trazida

---

[156] Bem pertinente é a expressão empregada por SOUSA MENDES, quando denomina esse alarme social inerente à sociedade do risco de "amálgama de medos desenjaulados". Cf. SOUSA MENDES, Paulo de. *Vale a pena o direito penal do ambiente?* Lisboa: Associação Acadêmica da Faculdade Direito de Lisboa, 2000. p. 59; Em SILVA SANCHEZ, 1999, p. 24-25, encontramos crítica semelhante, quando o autor questiona se esta sensação social de insegurança refletiria a existência real e objetiva de riscos dificilmente controláveis ou mesmo incontroláveis, através de "uma elevadíssima sensibilidad al riesgo"; posição contrária encontramos em SILVA DIAS, 2008, p. 232-233, quando afirma que risco e sua percepção são "uma e a mesma coisa".

[157] Cf. HERZOG, Felix. Límites al control penal de los riesgos sociales. Tradução de Elena Larrauri Puoan. *Anuario de Derecho Penal y Ciencias Penales*, Madrid, v. 46, jan.-abr. 1993, p. 318.

[158] As visões de mundo atuariam como "filtros" ou "lentes" na interpretação dos perigos e serviriam de guias em relação a uma particular forma de agir. Cf. LIMA, Maria Luísa Pedroso. "Uma releitura dos testemunhos do terramoto de 1755". *Revista do Instituto de Ciências Sociais da Universidade de Lisboa*, Lisboa, v. 43, n. 186, 2008, p. 15.

[159] A interpretação do primeiro modelo de sociedade do risco apresentado por Beck, voltada mais a uma visão de transformação de mundo, do que propriamente de sua interpretação, tornando, assim, "relativamente dispensável", enxergamos em SOUSA MENDES, 2000, p. 64; o tom crítico em relação ao modelo de risco proposto por Beck verificamos, também, em SCHÜ-

por Beck, no sentido de que a "modernidade reflexiva", que se contrapõe à modernidade ortodoxa, representaria uma "(auto) destruição da sociedade industrial" e, com isso, a desestruturação de todos os postulados que conformaram a sociedade moderna.[160]

Não queremos dizer, com isso, que o risco não exista, mas sim, que a sua percepção (subjetiva) distancia-se da sua existência (objetiva). Apenas para exemplificar esse fenômeno podemos trazer a experiência, até certo ponto bastante frequente, daquelas pessoas que têm medo de voar de avião. Tal temor parece relacionar-se à sensação de impotência e de convicção da morte certa por ocasião de um eventual desastre aéreo, além do próprio desconhecimento quanto às técnicas de aviação e do funcionamento de uma aeronave. Não obstante, a regra de experiência nos indica que esse medo é implausível, pois quase nenhum risco há nos milhares de pousos e decolagens que acontecem diariamente em todo o mundo. Portanto, a percepção desse risco se mostra muito além do real perigo que enfrentamos no transporte aéreo, além de se apresentar de forma absolutamente antagônica às reais vantagens desse moderno meio de transporte, sobretudo no tocante aos menores riscos e maior eficiência, se o compararmos, por exemplo, ao tráfego rodoviário.[161]

NEMANN, 1996, p. 198, ao defender que a constatação de que os riscos de hoje seriam bem menores do que aqueles do início da idade moderna.

[160] Cf. BECK, Ulrich. "A reinvenção da política". In: *Modernização reflexiva*. Oeiras: Celta Editora, 2000, p. 2; mesmo sentido: GIDDENS, Anthony. *The consequences of modernity*. Stanford: Stanford University Press, 1990, p. 4, ao sair em defesa do fenômeno da descontinuidade da modernidade, através do qual a própria modernidade encarrega-se de "varrer" toda a ordem social tradicional, cujas transformações são mais intensas e extensas do que aquelas de épocas anteriores.

[161] SOUSA MENDES, op. cit., p. 66; em sentido semelhante ao nosso pensar: LIMA, Maria Luísa Pedroso. Uma releitura dos testemunhos do terramoto de 1755. *Revista do Instituto de Ciências Sociais da Universidade de Lisboa*, Lisboa, v. 43, n. 186, 2008, p. 8, que amparada em estudos sobre percepção de riscos afirma que: "os estudos sobre a percepção de riscos mostram que nem todas as ameaças têm, para os cidadãos, o mesmo caráter inaceitável e potencialmente mobilizador da opinião pública. Muitos estudos das ciências sociais têm mostrado (e. g., Slovic, 1987 e 2001; v. Lima, 2005, para uma revisão) que o risco que se associa a um conjunto muito vasto de tecnologias e actividades não se relaciona directamente com o número de mortes que provoca, mas com dimensões qualitativas, tais como o seu caráter devastador (se é incontrolável, se representa um perigo para as gerações futuras, se é assustador) ou o grau de conhecimento existente sobre o risco (se é um risco novo, se as suas consequências são visíveis, se é conhecido para a ciência). Assim, perigos percebidos como desconhecidos e de consequências terrríveis (como os que se associam hoje à energia nuclear) são vistos como particularmente inaceitáveis, apesar de serem a causa de morte de muito menos pessoas do que outros riscos menos temidos (como os acidentes de automóvel). Pelo contrário, os riscos mais conhecidos e familiares tendem a ser normalizados, perdendo o poder de mobilizar e assustar a opinião pública (Lima, Barnett e Vala, 2005)"; também podemos perceber esta mesma preocupação em GONÇALVES, para quem a percepção dos riscos estaria relacionada a fatores econômico-sociais de uma determinada população. Assim, diz a autora, "uma camada, mais reduzida, de indivíduos mais jovens, escolarizados e afluentes revela maior preocupação com os riscos da 'modernidade avançada', mas também uma maior capacidade para obter informação, descodificá-la e intervir para limitar riscos. Ou-

Isso não significa negarmos que a mera percepção dos riscos envolva uma certa preocupação ao direito penal, em razão de seu reflexo na construção de novos delitos[162] fundados nesta mera percepção de riscos. Contudo, tal percepção ultrapassaria a dimensão real dos riscos da sociedade moderna, além de ser absolutamente antagônica em relação às reais vantagens trazidas pela modernidade.

Por outro lado, a existência de uma construção penal fundada no risco merece muita atenção, a fim de não alcançar o que se denomina de trilema regulador[163] (*regulatorisches Trilemma*), que, em síntese, consiste numa construção teórica de onde podemos extrair três dos principais problemas relacionados com o denominado direito penal do risco.

Primeiramente, os crimes voltados à proteção antecipada de bens jurídicos (meio ambiente, econômicos, tráfego etc.) seriam consequência da transferência de programas políticos para as normas jurídicas, acabando por produzir uma intervenção num terreno com predominância da resistência às mudanças jurídicas, o que acabaria gerando um certo grau de injustiça na imposição estatal, por meio do direito penal, de determinados padrões de comportamento social.

Em segundo lugar, apareceria o processo de desintegração social, quando a imposição jurídica de certos padrões comportamentais levaria à destruição das normas e procedimentos da autorregulação social.[164] Assim, quando a intervenção penal vem a "invadir" os espaços que deveriam ser ocupados pelo consenso social, ainda que tenha por objetivo o fim comum de proteção do meio ambiente e do equilíbrio ecológico, tal imposição estatal acabaria por desintegrar essa interação social voltada à autorregulação de certos comportamentos.

Por fim, os teóricos desse cenário social catastrófico trazem como última consequência a própria desintegração do direito, uma vez que

---

tra camada, mais numerosa, formada por indivíduos mais idosos, menos escolarizados, fora do mercado de trabalho e com menos rendimentos, exprime uma maior ansiedade perante o risco, inclusivamente o risco tradicional, acompanhada de menos informação, menor participação, menor capacidade de reivindicar e de defender os seus interesses". Cf. GONÇALVES, Maria Eduarda; DELICADO, Ana. Os portugueses e os novos riscos: resultado de um inquérito. *Revista do Instituto de Ciências Sociais da Universidade de Lisboa*, Lisboa, v. 42, n. 184, 2007, p. 714-715; sobre influência da mídia e sua divulgação de percepções inexatas e sensação de impotência, Cf. SILVA SANCHEZ, 1999, p. 27.

[162] Posição crítica em KINDÄUSER, 1996, p. 77, quando destaca que os crimes de perigo abstrato não são uma criação nova, pertencendo, pois, à essência da existência do direito penal, como, por exemplo, no caso do crime de perjúrio.

[163] Trata-se de uma construção de Gunther Teubner cujos parâmetros e aplicação podemos perceber em HERZOG, 1993, p. 317-327.

[164] HERZOG, 1993, p. 320.

a crescente e massiva demanda pelo atendimento às expectativas sociais por meio do direito penal levaria a uma expansão tal do direito penal que acabaria por transpor os limites de "legalidade e oportunidade",[165] rompendo, desse modo, até mesmo com os denominados "princípios fundamentais do direito penal".[166]

Apesar dos esforços empreendidos pelos defensores do *regulatorisches Trilemma*, entendemos que tal crítica, mais uma vez, estaria dirigida, ou deveria dirigir-se, àquelas intervenções penais excessivas, que ultrapassariam o limite do razoável por não possuírem uma base de intervenção fundada na necessidade e por romperem com os postulados dogmáticos e axiológicos do direito penal.

Tal crítica, contudo, não pode alcançar toda a intervenção fundada na prevenção do dano e no perigo de determinados comportamentos. Apenas para exemplificar, se pensarmos no lixo radioativo e em todas as suas consequências danosas à sociedade e, ainda, na própria perspectiva concreta da ocorrência de uma catástrofe nuclear através da sua armazenagem inadequada, a existência da intervenção penal neste cenário, impondo-se a correta armazenagem do produto radioativo, sob pena de sanção penal ao poluidor (pessoa física ou jurídica), certamente cumpriria com os parâmetros e fundamentos de legitimidade do direito penal.

Seria inocente, incoerente e, até mesmo, irresponsável, transferirmos para a sociedade o papel de autorregulação de todos os problemas e expectativas envolvendo o meio ambiente. Por maior grau de desenvolvimento e consciência cívica que possamos encontrar numa determinada sociedade, ainda assim seria muito difícil conseguir alcançar a proteção adequada do meio ambiente. Numa sociedade ideal, até poderia ser, contudo o que vislumbramos no mundo de hoje, com a devastação florestas e crescimento alarmante da poluição atmosférica, é que estamos bem longe de alçarmos um patamar ideal de civilidade e desenvolvimento capaz de tornar a autorregulação social suficientemente capaz de prevenir ou reduzir os riscos ao meio ambiente.

Não negamos, também, que essa proteção contra os riscos ou percepção dos riscos esteja diretamente relacionada à expansão do direito penal, bem como que esta expansão, de certa forma, representaria uma realidade que marcou o direito penal ocidental a partir do século XIX, notadamente pela criação de tipos penais de mera desobediência

---

[165] HERZOG, 1993, p. 320.

[166] Ibid., p. 321.

de regras de cuidado funcionais,[167] atingindo, inclusive, o sistema jurídico de tradição anglo-saxônica.[168]

O bem jurídico nesta expansão, num certo sentido, acabou tendo por diminuída sua função de limitação da intervenção penal, tão característica do modelo de direito penal mínimo.[169] Apesar disso, o direito penal "pós-revolução-industrial" pode se ajustar ao modelo de direito penal democrático, uma vez que também pode ter, como função primordial, a proteção de bens jurídicos.[170]

Não podemos deixar de fora desta discussão que a intervenção penal voltada ao risco não se fundaria na atividade em si mesmo, mas sim na sua associação a algum fator que transcenda ao seu desempenho normal, ampliando, desse modo, a sua potencialidade lesiva e tornando, assim, necessária a intervenção penal.[171] É o que ocorre, por exemplo, com os delitos relacionados à circulação rodoviária.

---

[167] SILVA DIAS, 2008, p. 248; direito penal clássico seria aquele que se desenvolveu após a morte do direito natural, sendo tal denominação criticada por SCHÜNEMANN, 1996. p. 190 e segs.; SILVA SANCHÉZ, 1999, p. 115-116 também critica a denominação de direito penal clássico ou liberal, no sentido de que se apoiaria num fundamento muito mais ideal do que real, não representando, assim, "la verdadera imagen del Derecho penal del siglo XIX".

[168] Mais da metade dos 8000 crimes catalogados na Inglaterra seriam do tipo *strict liability*, cujo desenvolvimento no direito inglês teria ocorrido no século XIX com a revolução industrial, em que muitas leis penais sobre saúde pública, segurança e bem-estar foram criadas. Cf. CLARKSON, C. M. V. *Understanding criminal law*. 3ª ed. London: Sweet & Maxwell, 2001, p. 135; também no sentido de reconhecimento desta expansão: SILVA SANCHEZ, 1999. p. 18.

[169] SILVA SANCHÉZ, 1999, p. 15-16, critica esta concepção afirmando não possuir "concreción de sus propuestas", nem uma construção que uniformize a compreensão de seu alcance; SILVA SANCHÉZ, 1999, p. 120-121 estabelece uma construção que, na sua visão, elucidaria a questão da expansão do direito penal na medida em que a intensidade da sanção penal fosse diminuída quando se tratasse do direito penal "intervencionista", o que consistiria em penas privativas de direitos e pecuniárias, cabendo a privação de liberdade apenas ao direito penal "nuclear".

[170] O sentido de que o fato punível não passaria da conceituação retributiva de pena como "um mal dirigido a outro mal" podemos constatar em NAUCKE, 1989, p. 34-38 que, ao enfrentar a questão, argumenta que lesão de bens jurídicos implicaria numa lesão dos interesses individuais das vítimas, e, assim, o fato punível definido como lesão de bens jurídicos não passaria da conceituação retributiva da pena como "um mal dirigido a outro mal", quando deveria fundar-se nas causas e motivos de que resultam na agressão; em JAKOBS, 1995, p. 56, podemos constatar a posição de que pode existir bem jurídico sem que haja interesse público na sua proteção, de modo que é exatamente esse interesse que transforma um determinado bem em bem jurídico, como também nem todos os interesses públicos (danosidade social) se referem somente à conservação de bens. Além disso, prossegue o autor, a proteção penal de determinados bens não se dá de forma absoluta e, inclusive, há situações em que se opta pelo sacrifício desses mesmos bens; o pensamento quanto à inexistência de proteção absoluta de bens jurídicos, uma vez que o Estado não perseguiria a "intangibilidad de los bienes jurídicos", observamos em CUELLO, 1981, p. 462; alinha-se com esta posição NAUCKE, 1989, p. 25, para quem os bens jurídicos mencionados no código penal alemão não são inteiramente protegidos, pois a proteção se dá de maneira limitada, somente quando estejam em causa as agressões especificamente delimitadas pela lei penal.

[171] Para SCHÜNEMANN, 2005, p. 18, não são simples desconfortos da vida cotidiana que levam à intervenção penal, sugerindo que tal intervenção há que se pautar por razões de necessidade.

É nesse cenário de imprecisão, controvérsia e dúvidas que emerge o princípio da precaução.[172] O aquecimento global, o desmatamento das florestas e as emissões desordenadas acabaram por intensificar a noção de risco e a necessidade de sua prevenção, o que ganhou ainda mais força através de mídia televisiva, internet e redes sociais. Precaução, contudo, que não se confunde com prevenção,[173] já que nesta exige-se uma comprovação científica do risco ou a certeza dedutível das leis causais gerais,[174] enquanto que na precaução estaremos diante da incerteza dos riscos,[175] em que não haja uma comprovação científica[176] e cuja previsão decorre de probabilidades.[177]

O grande problema na construção de um direito penal de prevenção dos riscos decorre da dificuldade em se afirmar, com certo grau de segurança, se estamos diante de uma necessidade relevante ao equilíbrio do convívio social, seriamente abalado com a tensão decorrente do risco ou se, na verdade, trata-se das necessidades de determinados setores sociais ou econômicos, motivados por um desejo crescente de maior proteção, que se utiliza de sua força persuasiva para direcionar a política criminal num determinado sentido.

É através do princípio da precaução que a intervenção penal fixará os parâmetros sistemáticos para a análise e gestão desses riscos.[178] O primeiro destes parâmetros decorre da incerteza científica quanto aos riscos de uma determinada atividade, objeto ou fenômeno. Esta

---

[172] Neste sentido: BOTTINI, P. "Principio de precaución, derecho penal y sociedad de riesgos". *Revista General de Derecho Penal*, v. 56, n. 7, 2007. p. 9.

[173] A precaução possui uma dimensão negativa, enquanto a prevenção possui um contorno positivo. Assim, fora das atividades comprovadamente seguras, resta a incerteza daquelas cuja ausência de riscos não foi demonstrada, e é justamente neste aspecto que incidirá o princípio da precaução, daí ser definido como um "critério negativo". Cf. BOTTINI, Pierpaolo. *Principio de precaución, derecho penal y sociedad de riesgos*, p. 11.

[174] ROMEO CASABONA, 2005, p. 92.

[175] Sobre distinção entre risco (situação em que o cálculo de probabilidades é aplicável) e incerteza (quando não há certeza quanto a sua previsão, nem se aplica o cálculo probabilístico), Cf. GODARD, Olivier. "De l'usage du principe de précaution en univers controversé: entre débats publics et expertise". *Futuribles*, Paris, fev-mar. 1999, p. 3.

[176] Sobre o caso da "Talidomida", em que não se descobriu o mecanismo causal que gerava as enfermidades, mas sim que estava relacionado com a ingestão do produto, Cf. HERNÁNDEZ, Héctor. "El problema de la causalidad general en el derecho penal chileno". *Política Criminal*, Taica, v. 5, n. 9, 2010, p. 5; para uma melhor compreensão sobre os critérios de concretização dos riscos, Cf. CASTALDO, Andréa. "La concreción del 'riesgo jurídicamente relevante'". In: *Política criminal y nuevo derecho penal: libro homenaje a Claus Roxin*. Barcelona: José Mará Bosche Editor, 1997, p. 234 e ss

[177] ROMEO CASABONA, 2005, p. 92; a precaução atua num cenário de riscos potenciais, enquanto que a prevenção serve para controlar os riscos comprovados. Cf. KOURILSKY, Philippe; VINEY, Geneviève. "Le principe de précaution". In: *Rapport au Prèmier Ministre*. Paris: Éditions Odile Jacob, 2000, p. 5.

[178] Neste sentido: ROMEO CASABONA, 2005. p. 90-91.

incerteza, entretanto, não implica numa absoluta falta de previsão no tocante aos riscos possíveis. Na realidade, há um mínimo de conhecimento acerca da potencialidade lesiva de certa atividade ou fenômeno, ou, ainda, segundo defende Romeo Casabona, haveria uma espécie de "sospecha de los riesgos".[179]

O segundo parâmetro, por outro lado, consiste na possibilidade de eventuais danos graves ou irreparáveis,[180] os quais, pela sua dimensão e importância, fazem emergir a necessidade da atuação estatal no sentido de minimizá-los ou, ao menos, trazer a potencialidade lesiva a um patamar controlável. Diante dessa perspectiva, há que se avaliar os eventuais efeitos perigosos por meio da identificação da necessidade e da intensidade da intervenção penal.[181]

Percebemos, aqui, um sensível contato entre os princípios da precaução e da proporcionalidade, uma vez que para o estabelecimento dos parâmetros concretos da aplicação da precaução há que se verificar, acima de tudo, a necessidade e intensidade da intervenção penal, sempre tendo como parâmetro a gravidade e irreparabilidade dos eventuais danos.

Com isso, surge outra questão, cuja importância, parece-nos, é primordial à consolidação das bases da precaução na construção dogmática dos delitos de perigo abstrato, que é o da sua natureza jurídica, sobre a qual recaem ainda algumas dúvidas, como, por exemplo, se funcionaria a precaução como um mero princípio de orientação dos poderes públicos, sem força vinculante ou aplicabilidade imediata; ou se, ao contrário, consistiria numa norma jurídica vinculante, que deve ser empregada, sempre que necessário, pelos poderes públicos e pelo intérprete da lei penal.[182]

Entendemos que, dentro da perspectiva do Estado de Direito democrático, onde a proteção penal de bens jurídicos há que se realizar dentro dos limites de um direito penal garantista, o princípio da precaução deve-se fazer presente com a força normativa necessária, não

---

[179] ROMEO CASABONA, 2005, p. 94; sobre a ausência de uma definição precisa quanto à própria concepção do princípio da precaução, Cf. GODARD, 1999, p. 5.

[180] Esta concepção não é incontroversa, uma vez que para a precaução há quem defenda ser suficiente a mera existência de um dano potencial, conforme constatamos na *Declaration ministérielle de la Deuxième Conférence internationale sur la protection de la mer du Nord*, ocorrida em 1987; a exigência de danos graves ou irreversíveis decorre do texto da Declaração do Rio sobre Meio Ambiente e Desenvolvimento (art. 15).

[181] Neste sentido: KOURILSKY, Philippe; VINEY, Geneviève, 2000, p. 81.

[182] Precaução enquanto fonte de orientação e regra jurídica: ROMEO CASABONA, 2005, p. 97; precaução como verdadeira regra jurídica: KOURILSKY, Philippe; VINEY, Geneviève, 1999, p. 9.

apenas para obrigar o poder público a atuar contra os riscos, mas, sobretudo, para limitar a intervenção penal ao mínimo necessário.

Não obstante, ainda dentro desta lógica da aplicabilidade jurídico-penal do princípio da precaução, podemos nela enxergar, também, uma dimensão negativa relacionada à abstenção da atividade perigosa, cuja exigência da inocuidade da atividade acaba se tornando uma necessidade quanto à permissão de sua prática.[183] No entanto, esta abstenção, por intervir diretamente na autonomia individual, deve levar em consideração o necessário balanço entre os custos e benefícios, tendo como referencial para a obtenção desse equilíbrio o princípio da proporcionalidade.

Ainda assim, é preciso ter cautela na utilização do princípio da precaução como argumento de legitimação da intervenção penal, a fim de evitar que a gestão de riscos fundada neste critério leve-nos à justificação de toda e qualquer espécie de crimes de perigo. Conforme procuramos desenvolver ao longo do nosso trabalho, há necessidades dogmáticas que devem estar presentes na construção dos crimes de perigo, sendo o princípio da precaução apenas mais uma dessas necessidades, que somada às demais forma o que poderíamos denominar de postulados legitimadores dos crimes de perigo abstrato.

Desse modo, não podemos deslegitimar a necessidade de incriminações que sigam o modelo de perigo abstrato, mesmo quando encontre uma de suas justificações na aplicação do princípio da precaução. A intervenção penal ancorada na precaução deve ser utilizada tanto para consolidar os critérios exigidos à idoneidade da ação perigosa, como para promover a realização do bem comum, ao convocar para o rol de proteção aqueles interesses essenciais à vida digna, cujo risco potencial de danos graves ou de difícil reparação deve ser afastado por meio do direito penal.

CONCLUSÃO

O direito penal democrático tem como fundamento um substrato próprio, também denominado de núcleo rígido, cuja presença constitui uma espécie de "divisor de águas" entre o legítimo e o ilegítimo.[184] Partindo-se dessa constatação, a tarefa maior da doutrina será a de construir um direito penal que corresponda aos anseios da sociedade contemporânea, ao fazer-se instrumento de realização dos interesses

---

[183] GODARD, 1999, p. 7-8.

[184] Cf. BIRNBAUM, 2010. p. 35.

vitais à coexistência harmônica dos seus membros, mas que, ao mesmo tempo, não se transforme num direito de gestão ilimitada desses mesmos interesses ou, ainda, conforme alerta Figueiredo Dias, não se converta num modelo de direito penal pautado na lógica técnico-instrumental do *actuarial justice* do modelo anglo-saxônico.[185]

Os partidários dos constantes ataques à legitimidade do direito penal de nosso tempo não se furtam em utilizar, dentre os seus argumentos, que a expansão do direito penal estaria ligada à sua "administrativação", onde a construção de tipos penais de pura ordenação administrativa e a multiplicação de normas penais em branco,[186] sobretudo na proteção do meio ambiente,[187] seriam exemplos claros dessa expansão.[188]

Há, de fato, esse lado ilegítimo da expansão, onde o excesso de proteção realizado por meio do direito penal, através do qual, o legislador, muitas vezes impulsionados por pressões populares e da própria mídia, acaba atendendo a um reclame que não pertenceria mesmo aos interesses sociais mais relevantes, mas, antes, a desejos pontuais de determinados grupos ou em atenção a finalidades funcionalistas, sobretudo no tocante à ordenação de certas atividades.

Não negamos, portanto, que o direito penal esteja em expansão, nem que estejamos vivendo um processo de "administrativização"[189] da intervenção penal. Contudo, esta expansão não nos parece de toda ilegítima, existindo um outro aspecto deste fenômeno que se constitui no resultado do diálogo natural e dinâmico entre sociedade e Estado, na medida em que as sociedades evoluem e os seus interesses amadurecem e se transformam, constituindo-se numa espécie de atualização

---

[185] FIGUEIREDO DIAS, 2001, 598.

[186] Este fenômeno é denominado de "acessoriedade administrativa" ("Verwaltungsakzessorietät"). Cf. HASSEMER, Winfried. "A preservação do meio ambiente através do direito penal". In: *Lusíada: Revista de ciência e cultura.* I Congresso Internacional de Direito do Ambiente da Universidade do Porto. Porto: Invulgar Ltda, 1996, p. 324

[187] Em HASSEMER, 1996, p. 324 e segs., verificamos uma forte crítica ao direito penal ambiental, que na sua visão não seria instrumento adequado para lidar com os problemas ambientais, seja por não atender às necessidades preventivas, seja por não produzir os resultados esperados, pregando a sua substituição pelo *interventionsrecht* que tem como características a atuação preventiva, responsabilidade coletiva e sanções menos rigorosas; a crítica à substituição do direito penal por outras áreas do direito podemos ver em CUELLO, 1981, p. 478, quando trata da privatização da jurisdição penal, fenômeno em que se transfere para o direito civil a tutela penal, a partir da privatização do indivíduo, convertendo-se o autor do crime num objeto de valor em relação à vítima, existindo, nesta relação, não uma verdadeira jurisdição civil, mas sim uma jurisdição penal que se privatiza e, neste caminho, acaba abrindo mão de todas as garantias que eram características do direito penal.

[188] O direito penal persegue bens concretos enquanto que o direito administrativo ordena certos setores de atividade. Cf. SILVA SANCHÉZ, 1999, p. 102.

[189] SILVA SANCHÉZ, 1999, p. 107.

e harmonização do direito penal contemporâneo com as necessidades legítimas da modernidade.

O que estamos querendo dizer é que devemos concentrar nossos esforços não na quantidade, mas sim na qualidade da expansão do direito penal. A necessidade da proteção do meio ambiente, a imprescindibilidade de se minimizar os riscos do tráfego terrestre e a intangibilidade da tutela da ordem econômica constituem interesses que, de uma maneira geral, formam a própria base de sustentação do nosso modelo de sociedade, conferindo-lhe um patamar mínimo de garantias à existência digna.

Quanto a esses aspectos, parece-nos clara a validade de uma expansão do direito penal desta natureza, e é exatamente neste cenário que os crimes de perigo abstrato se inserem e se legitimam, ao servirem de instrumento necessário à proteção dos interesses da sociedade contemporânea. Contudo, este modelo de incriminação não pode estar sujeito a uma massificação na sua utilização, devendo-se, ainda, preencher todas as suas exigências dogmáticas para que uma intervenção penal, seguindo tal modelo de perigosidade, possa ser considerada legítima.

É preciso, portanto, corrigir os erros e sanar os problemas, e não simplesmente fulminar o modelo. Deve-se colocar o acento tônico da crítica justamente naquilo que Silva Dias denomina de "expansão desrazoável ou ilegítima do direito penal moderno",[190] uma espécie de deformação e funcionalização do direito penal que devem ser evitadas, porém não pode servir de justificativa para se eliminar da ordem jurídico-penal os delitos de perigo abstrato, em razão daquilo que representam enquanto modelo de incriminação necessário à tutela das necessidades sociais mais relevantes e à proteção de bens jurídicos.

REFERÊNCIAS

ALEXY, Robert. *Teoría de los derechos fundamentales.* 2ª ed. Tradução de Carlos Bernal Pulido. Madrid: Centro de Estudios Políticos y Constitucionales. 2008.

AMELUNG, Knut. El concepto "bien jurídico" en la teoría de la protección penal de bienes jurídicos. Tradução de Íñigo Ortiz de Urbina Gimeno. In: *La teoría del bien jurídico: fundamento de legitimación del derecho penal o juego de abalorios dogmático?* Madrid: Marcial Pons, 2007, p. 227-264.

---

[190] Sobre o assunto, SILVA DIAS, 2008, p. 259, defende que a crise do direito penal estaria relacionada com uma expansão que "é feita à revelia do seu quadro de validade, do paradigma político-criminal e dogmático nele fundado e que tem conduzido à sua funcionalização, administrativização e desformalização e à descaracterização de categorias dogmáticas".

ANGIONI, Francesco. *Il pericolo concreto come elemento della fattispecie penale*: la struttura oggettiva. 2ª ed. Milão: Giuffré Editore, 1994.

AUBENQUE, Pierre. Aristóteles era comunitarista? Tradução de Agemir Bavaresco (UCPel) e João Hobbus (UFPel). *Dissertatio Revista de Filosofia*, Pelotas, n. 19-20, 2004.

BECK, Ulrich. A reinvenção da política. In: *Modernização reflexiva*. Oeiras: Celta Editora, 2000.

BELEZA, Teresa Pizarro. *Direito penal*. Lisboa: A.A.F.D.L., 1984.

BIRNBAUM, Johann Michael Franz. *Sobre la necessidad de una lesión de derechos para el concepto de delito*. Tradução de José Luis Guzman Dalbora. Buenos Aires: Julio César Faíra, 2010.

BORGES, Anselmo. *Corpo e transcendência*. Porto: Fundação Eng. Antônio de Almeida, 2003.

BOTTINI, Pierpaolo C. Principio de precaución, derecho penal y sociedad de riesgos. *Revista General de Derecho Penal*, v. 56, n. 7, 2007, p. 1-45.

CANOTILHO, Joaquim José Gomes. *Direito Constitucional*. Coimbra: Almedina, 1992

CARO CORIA, Dino – "Sociedades de riesgo", bienes jurídicos colectivos y reglas concursales para la determinación de la pena en los delitos de peligro con verificación de resultado lesivo. In: *Congreso Internacional de Derecho Penal*. Lima, 1977. Anais eletrônicos disponível em: <http://pdf-world.net/pdf-/294231/SOCIEDA-DES-DE-RIESGO-%C2%BB,%C2--df. php>. Acesso em: 31 mar. 2012.

CASTALDO, Andréa. La concreción del "riesgo jurídicamente relevante". In: *Política criminal y nuevo derecho penal (libro homenaje a Claus Roxin)*. Barcelona: José María Bosch Editor, 1997, p. 233-242.

CORREIA, Eduardo. *Direito Criminal*. Coimbra: Almedina, 2008. 1v.

CRAMER, Peter. Der Vollrauschtatbestand als abstraktes gefährdungsdelikt. Tübingen: Mohr, 1962.

CUELLO, Joaquin. Presupuestos para una teoría del bien jurídico protegido en derecho penal. *Anuario de Derecho Penal y Ciencias Penales*, Madrid, n. 3, 1981, p. 461-483.

CUESTA PASTOR, Pablo. *Delitos obstáculo: tensión entre política criminal y teoría del bien jurídico*. Granada: Comares, 2002.

FARIA COSTA, José Faria. Tentativa e dolo eventual. In: *Estudos em homenagem ao Professor Doutor Eduardo Correia*. Boletim da Faculdade de Direito da Universidade de Coimbra, Coimbra, n. 1, 1984.

——. *O perigo em direito penal*: contributo para a sua fundamentação e compreensão dogmáticas. Coimbra: Coimbra Editora, 2000.

FEINBERG, Joel. *Harm to others: the moral limits of the criminal law*. 1v. Oxford: Oxford University Press, 1986

FIGUEIREDO DIAS, Jorge de. O direito penal entre a "sociedade industrial" e a "sociedade do risco". In: *Estudos em homenagem ao Prof. Doutor Rogério Soares*. Coimbra: Coimbra Editora, 2001, p. 583-613.

FRISCH, Wolfgang. Bien jurídico, derecho, estrutura del delito e imputación en el contexto de la legitimación de la pena estatal. Tradução de Ricardo Robles Plana. In: *La teoría del bien jurídico: fundamento de legitimación del derecho penal o juego de abalorios dogmático?* Madrid: Marcial Pons, 2007, p. 309-339.

GIDDENS, Anthony. *The consequencies of modernity*. Stanford: Stanford University Press, 1990.

GODARD, Olivier. De l'usage du principe de précaution en univers controversé: entre débats publics et expertise. *Futuribles*, Paris, fev-mar. 1999, p. 37-60.

GOMES, C. A.; FREITAS, D. "Le juge constitutionel et la proportionnalité – rapport du Portugal". In : *Estudios en homenaje a Profesor Doutor Correia*, v. 1, 2010, p. 185-219.

GONÇALVES, Maria Eduarda; DELICADO, Ana. Os portugueses e os novos riscos: resultado de um inquérito. *Revista do Instituto de Ciências Sociais da Universidade de Lisboa*, Lisboa, v. 42, n. 184, 2007, p. 687-718.

GRECO, Luiz. Tem futuro a teoria do bem jurídico? Reflexões a partir da decisão do Tribunal Constitucional alemão a respeito do crime de incesto (§ 173 Strafgesetzbuch). *Revista Brasileira de Ciências Criminais*, v. 82, 2010, p. 165.

———. Existem critérios para a postulação de bens jurídicos coletivos? Tradução de Luiz Greco. *Festschrift für Claus Roxin zum 80*. Berlin-New York, 2011, p. 199-214.

———. Princípio da ofensividade e crimes de perigo abstrato. *Revista Brasileira de Ciências Criminais*, São Paulo, v. 49, jul-ago. 2004, p. 89-147.

HABERMAS, Jürgen. *O discurso filosófico da modernidade*. Tradução de Ana Maria Bernardo, José Rui Meirelles Pereira [*et. al.*]. Lisboa: Publicações Dom Quixote, 1990.

HASSEMER, Winfried. *Seguridad por intermedio del derecho penal*. Problemas actuales del derecho penal y de la criminología, estudios penales en memoria de la profesora Dra. María del Mar Díaz Pita, dirección Francisco Muñoz Conde, p. 25-64, 2008.

———. A preservação do meio ambiente através do direito penal. In: *Lusiada: Revista de ciência e cultura*. I Congresso Internacional de Direito do Ambiente da Universidade do Porto. Porto: Invulgar Ltda, 1996, p. 319-330.

———. La ciencia jurídico penal en la República Federal Alemana. Tradução de Hernán Hormazábal Malarée. *Anuario de Derecho Penal y Ciencias Penales*. Madrid, v. 1, n. 46, jan-abr. 1993, p. 35-80.

———. Derecho penal simbólico y protección de bienes jurídicos. Tradução de Elena Larrauri. Santiago: *Pena y Estado*. Editorial Jurídica Conosur, 1995, 23-36

HEGEL, Guillermo W. Federico. *Filosofia del derecho*. Tradução de Angélica Mendoza de Montero. Buenos Aires: Editorial Claridad, 1968.

HEINE, Günter. Acessoriedad administrativa en derecho penal del medio ambiente. Tradução de Paz M. De la Costa Aguado. *Anuario de Derecho Penal y Ciencias Penales*, Madrid, v. 46, n. 1, janeiro-abril 1993, p. 289-315.

HEFENDEHL, Roland. Uma teoria social do bem jurídico. Tradução de Luiz Greco. *Revista Brasileira de Ciências Criminais*, São Paulo, n. 87, 2010, p. 103-117.

———. El bien jurídico como eje material de la norma penal. Tradução de María Martín Lorenzo. In: *La Teoría del Bien Jurídico: fundamento de legitimación del derecho penal o juego de abalorios dogmático?* Madrid: Marcial Pons Ed., 2010, p. 179-196.

HERNÁNDÉZ, Héctor. El problema de la causalidad general en el derecho penal chileno. *Política Criminal*, Taica, v. 5, n. 9, jul. 2010, p. 207-236.

HERZOG, Felix. Límites al control penal de los riesgos sociales. Tradução de Elena Larrauiri Puoan. *Anuario de Derecho Penal y Ciencias Penales*, Madrid, v. 46, jan.-abr. 1993, p. 317-327.

HESSE, Konrad. *A força normativa da constituição*. Tradução de Gilmar Ferreira Mendes. Porto Alegre: Fabris, 1991.

HIRSCH, Andrew von. El concepto de bien jurídico y el "principio del daño". Tradução de Rafael Alcacier Guirau. In: *La Teoría del Bien Jurídico: fundamento de legitimación del derecho penal o juego de abalorios dogmático?* Madrid: Marcial Pons Ed., 2010, p. 37-52.

———. Extending the harm principle: 'remote' harms and fair imputation. In: *Harm and culpability*. Oxford: Claredon Press, 1996, p. 259-276.

———; WOHLERS, Wolfgang. Teoría del bien jurídico y estructura del delito. Sobre los criterios de una imputación justa. Tradução de Beatriz Spínola Tártalo. In: *La teoría del bien jurídico: fundamento de legitimación del derecho penal o juego de abalorios dogmático?* Madrid: Marcial Pons, 2007, p.285-308.

HOMEM, António Pedro Barbas. *O espírito das instituições*: um estudo de história do Estado. Coimbra: Almedina, 2006.

HONNETH, Axel. *La sociedade del desprecio*. Tradução de Francesc. J. Hernàndez y Benno Herzog. Madrid: Trotta, 2011

HORN, Eckhard. *Konkrete gefährdungsdelikte*. Köln: Otto Schmidt, 1973.

JAKOBS, Günther. *Derecho penal: parte general. Fundamentos y teoría de la imputación.* Tradução de Joaquim Cuello Contreras e José Luis Serrano Gonzalez de Murillo. Madrid: Marcial Pons Ediciones Jurídicas, 1995.

JESCHECK, Hans-Heinrich. *Das menschenbild unserer zeit und die strafrechtsreform.* Tübingen: J. C. B Mohr, 1957.

KAHLO, Michael. Sobre la relación entre el concepto de bien jurídico y la imputación objetiva en derecho penal. In: *La teoría del bien jurídico: fundamento de legitimación del derecho penal o juego de abalorios dogmático?* Madrid: Marcial Pons, 2007, p. 53-68.

KAUFMANN, Armin. *Teoria da norma jurídica.* Rio de Janeiro: Editora Rio, 1976.

KOURILSKY, Philippe; VINEY, Geneviève. Le principe de précaution. In: *Rapport au Prèmier Ministre.* Paris: Éditions Odile Jacob, 2000.

KINDHÄUSER, Urs. *Derecho penal de la culpabilidad y conducta peligrosa.* Tradução de Claudia López Díaz. Bogotá: D'Vinni Editores, 1996.

LIMA, Maria Luísa Pedroso. Uma releitura dos testemunhos do terramoto de 1755. *Revista do Instituto de Ciências Sociais da Universidade de Lisboa,* Lisboa, v. 43, n. 186, 2008, p. 7-28.

LISZT, Franz Von. *Tratado de derecho penal.* 2ª ed. v. 2. Tradução de Luis Jiménes de Asúa. Madri: Editorial Reus S. A., 1927.

MACHADO, Maria Rodriguez de Assis. *Sociedade do risco e direito penal.* São Paulo: IBCCRIM, 2006.

MAYER, Max Ernst. *Derecho penal: parte general.* Tradução de Sergio Politoff Lifschitz. Buenos Aires: B de F, 2007.

MALARÉE HORMAZÁBAL, H. *Bien jurídico y estado social y democrático de derecho.* 2 ed. Santiago: Lexis Nexis, 2006.

MARÍA CÁRCOVA, Carlos. Estado social de derecho y radicalidad democrática. In: *Constituição e Estado Social: os obstáculos à concretização.* Coimbra: Coimbra Editora, 2008, p. 99-110.

MARTINS, Guilherme d'Oliveira. Identidade e diferença: A cultura como factor de defesa e de coesão. *Nação e Defesa,* Lisboa, n. 119, 2008 (primavera), p. 167-178.

MENDOZA BUERGO, Blanca. *Límites dogmáticos y político-criminales de los delitos de peligro abstracto.* Granada: Comares, 2001.

MEZGER, Edmund. *Derecho penal:* parte general. 6ª ed. Tradução de Conrado A. Finzi. Buenos Aires: Editorial Bibliográfica Argentina, 1955.

MILL, John Stuart. *On Liberty.* London: The Walter Scott Publishing Co. Ltd. Não paginado (edição digital).

MIRANDA, Jorge. *Manual de direito constitucional.* Coimbra: Coimbra Editora, 2000. 4v.

MORAIS, Jose Luis Bolzan de. O Estado e seus limites: reflexões iniciais sobre a profanação do Estado Social e a dessacralização da modernidade. In: *Constituição e Estado Social: os obstáculos à concretização.* Coimbra: Coimbra Editora, 2008, p. 175-195.

MUSCO, Enzo. *Bene Giuridico e tutela dell'onore.* Milão: Dott. A. Giuffrè Editore, 1974

MÜSSIG, Bernd. Desmaterialización del bien jurídico y de la política criminal. Tradução de Manuel Cancio Meliá e Enrique Pañaranda Ramos. *Revista de Derecho Penal Y Criminología,* Madrid, n. 9, 2002, p. 169-208.

NAUCKE, Wolfgang. Introdução à parte geral do direito penal. Tradução de Augusto Silva Dias. In: *Estudos Monográficos I.* Lisboa: A.A.F.D.L., 1989.

PALMA, Maria Fernanda. *Direito Constitucional Penal.* Coimbra: Almedina, 2011.

——. Constitutions et droit pénal. *Annuaire International de Justice Constitutionnelle – XXVI,* Aix--en-Provence, set. 2010, p. 329-336.

PATRÍCIO, Rui F. *Erro sobre regras legais, regulamentares ou técnicas nos crimes de perigo comum no actual direito português.* Lisboa: Faculdade de Direito da Universidade de Lisboa. 1999. 392p. Dissertação de mestrado.

ROCCO. Arturo. L'oggetto del reato e della tutela giuridica penale. Torino: Bocca editori, 1913.

ROMEO CASABONA, Carlos María. *Conducta peligrosa e imprudencia en la sociedad de riesgo*. Granada: Comares, 2005.

ROXIN, Claus. *Problemas fundamentais de direito penal*. 3ª ed. Lisboa: Vega, 1998.

———. *A proteção de bens jurídicos como função do direito penal*. Tradução de André Luis Callegari e Nereu José Giacomolli. Porto Alegre: Livraria do Advogado, 2009.

———. *Derecho penal: parte general*. Tradução de Diego-Manuel Luzón Peña. Madrid: Civitas, 1997.

———; JACKOBS, G.; Schünemann, B.; FRISCH, W.; KÖHLER, M. *Sobre el estado de la teoría del delito*. Madrid: Civitas Ediciones, 2000.

SEHER, Gerhard. La legitimación de normas penales basadas en principios y el concepto de bien jurídico. Tradução de Rafael Alcácer Guirao. In: *La teoría del bien jurídico: fundamento de legitimación del derecho penal o juego de abalorios dogmático?* Madrid: Marcial Pons, 2007, p. 69-92

SCHÜNEMANN, Bernd. O direito penal é a ultima ratio da proteção de bens jurídicos! Tradução de Luiz Greco. *Revista Brasileira de Ciências Criminais*, São Paulo, n. 53, mar-abr. 2005, p. 9-33.

———. Sobre la dogmática y la política criminal del derecho penal del medio ambiente. Tradução de Mariana Sacher. In: *Temas actuales y permanentes de derecho penal*. Madrid: Editora Tecnos, 2002, p. 203-223.

———. Consideraciones críticas sobre la situación espiritual de la ciencia jurídico-penal alemana. *Anuario de Derecho Penal y Ciencias Penales*, Madrid, n. 3, jan-abr. 1996, p. 187-217.

———. El principio de protección de bienes jurídicos como punto de fuga de los límites constitucionales de los tipos penales y de su interpretación. Tradução de María Martín Lorenzo. In: *La teoría del bien jurídico: fundamento de legitimación del derecho penal o juego de abalorios dogmático?* Madrid: Marcial Pons, 2007, p. 197-226.

SILVA DIAS, Augusto. *"Delicta in se" e "delicta mere prohibita"*: uma análise das descontinuidades do ilícito penal moderno à luz de reconstrução de uma distinção clássica". Coimbra: Coimbra editora, 2008.

———. Entre comes e bebes: debate de algumas questões polêmicas no âmbito da proteção jurídico-peal do consumidor (a propósito do Acórdão da Relação de Coimbra de 10 de Julho de 1996). *Revista Portuguesa de Ciência Criminal*, Coimbra, n. 4, 1998, p. 515-592.

———. As causas de justificação nos crimes contra os direitos sociais: os casos particulares do direito do ambiente e do direito à saúde pública. In: *Jornadas em homenagem ao professor Cavaleiro de Ferreira*. Lisboa: Editora, 1995, p. 181-234.

SILVA SANCHEZ, Jesús-María. *La expansión del derecho penal*. Aspectos de la política criminal en las sociedades postindustriales. Madrid: Civitas Ediciones, 1999.

———. Política criminal en la dogmática. In: *Política criminal y nuevo derecho penal (libro homenaje a Claus Roxin)*. Barcelona: José Mará Bosche Editor, 1997.

———. Una primera lección de derecho penal. In: *Derecho penal del Estado Social y democrático de derecho*. Madrid: La Ley, 2010. p. 77, p. 61-83.

SOUSA MENDES, Paulo de. *Vale a pena o direito penal do ambiente?* Lisboa: Associação Acadêmica da Faculdade Direito de Lisboa, 2000.

STERNBERG-LIEBEN, Detlev. Bien jurídico, proporcionalidad y libertad del legislador penal. In: *La teoría del bien jurídico: fundamento de legitimación del derecho penal o juego de abalorios dogmático?* Madrid: Marcial Pons, 2007.

STRATENWERTH, Günther. *Disvalor de acción y disvalor de resultado em el derecho penal*. Tradução de Marcelo A. Sancinetti y Patricia S. Ziffer. Buenos Aires: Hammurabi, 2006.

O BEM JURÍDICO-PENAL

——. La criminalización en los delitos contra bienes jurídicos colectivos. Tradução de Iñigo Ortiz de Urbina Gimeno e Margarita Valle Mariscal de Gante. In: *La teoría del bien jurídico: fundamento de legitimación del derecho penal o juego de abalorios dogmático?* Madrid: Marcial Pons, 2007, p. 365-372.

TAIPA DE CARVALHO, Américo Alexandrino. Constitucionalidade sócio-cultural do direito penal: análise histórica. Sentido e limites. Coimbra: Gráfica de Coimbra, 1985.

TORÍO LÓPEZ, Angel. Los delitos del peligro hipotético (contribución al estudio diferencial de los delitos de peligro abstracto). *Anuario de Derecho Penal y Ciencias Penales*, Madrid, n. 3, mai-dez. 1981, p. 825-847.

—— El sustrato antropológico de las teorías penales. *Revista de la Faculdad de derecho Universidad Complutense*, Madrid, jun. 1986, p. 667-678.

WELZEL, Hans. *Direito penal*. Tradução de Afonso Celso Rezende. Campinas: Ed. Romana, 2004.

——. *O novo sistema jurídico-penal*. Tradução de André Luis Callegari e Nereu José Giacomolli São Paulo: Editora Revista dos Tribunais, 2010.

ZAMBRANO, Maria. *Pessoa e democracia*. Tradução de Inês Trindade. Lisboa: Fim de Século Edições, 2003.

Relações entre o constitucionalismo contemporâneo e o Direito Penal: um estudo a partir do bem jurídico

ORLANDO FACCINI NETO

Sumário: Introdução; 2. Da Constituição ao Direito Penal: uma transição possível; 2.1. Os direitos fundamentais em sua dimensão objetiva: a Constituição como fonte; 2.2. Dos deveres de proteção aos imperativos de tutela penal, uma relação difícil; 3. Do Direito Penal à Constituição: uma transição necessária; 3.1. O bem jurídico em questão; 3.2. Uma tentativa de legitimação constitucional da teoria do bem jurídico; 4. Algumas objeções e algumas respostas; 5. Tratamentos possíveis à constitucionalização do Direito Penal; 5.1. O caso brasileiro; 5.2. Aportes do Direito português: o «mau exemplo» do aborto; Conclusão; Bibliografia.

INTRODUÇÃO

É razoável a suposição de que o desenvolvimento doutrinário a propósito dos direitos fundamentais e, em si mesmo, o advento do constitucionalismo na forma em que concebido na atualidade, deu-se quando já se afigurava bastante avançado o tratamento teórico dispensado ao Direito Penal. Que a dogmática penal, de algum modo, tenha antes mesmo das Constituições de nosso tempo atingido elevados níveis de sofisticação não será uma asserção trivial. Porque da contingência histórica muito provavelmente derivou um *modo de pensar* do penalista.

Com efeito, não é incomum o alvitre que, principiando das categorias penais, e tendo-as, deste modo, como fundamento à partida, procure no Direito Constitucional ulteriores critérios de legitimação ou limite. Esta, contudo, é somente metade da história. Nossa proposta, que desde logo reconhecemos singela, é, em alguma medida, realizar o caminho oposto, num esboço de *circularidade*, como tal se nos afigura a relação entre o Direito Penal e o Constitucional.

Dito de outro modo, assentaríamos que o desenvolvimento atual da compreensão jurídica haveria de conceber na Constituição a ordenação axiológica de que deriva o *processo de incriminação de condutas*. Gostaríamos que os limites – temporais, de extensão do texto e os nossos próprios – não se revelassem obstáculo para uma análise deste processo em sua inteireza, isto é, compreensivo não apenas da tipificação, mas também da justificação de condutas e, ademais, das suas influências em termos de culpabilidade. Mas estes limites, neste momento, são-nos impossíveis de suplantar.

Por isso que nosso ponto de estudo se concentrará na temática do bem jurídico. Sem desconhecermos as variadas controvérsias que o bem jurídico-penal desperta em nossos dias, haverá de ser a nossa *tentativa constitucional* uma afirmação de sua importância como requisito indispensável a um Direito Penal democrático.

Porém, pretendemos alguma coisa a mais. Pois, segundo pensamos, a circularidade com que se revelam as relações *Direito Penal/Direito Constitucional*, ou mais propriamente entre os bens jurídicos e a Constituição, não esconde a necessidade consistente no reconhecimento de uma órbita em que a incidência penal se mostrará irrenunciável, justamente porquanto em sua radicalidade converte-se em mecanismo de proteção que, para alguns direitos e valores, é mesmo indispensável.

Isto, entretanto, alude-se com a ressalva própria de quem compreende as particularidades de cada sistema constitucional, e, portanto, não nos será o caso de pretender uma espécie de elaboração que, pela generalidade, desconheça a historicidade e as idiossincrasias daquilo que, diríamos, são, hoje, os diversos constitucionalismos vigentes. De maneira que estaremos mais atentos àquilo que se pode dizer dos sistemas constitucionais de Brasil e Portugal, em si expressivos das diferenças que se podem verificar a respeito desta matéria.

Se no caso brasileiro parecem mais evidentes certas determinações de atuação penal estatal, na ordem jurídica portuguesa isto não se fez de modo tão evidente; nem por isso, todavia, o tema refugiu à doutrina e à jurisprudência, mormente do Tribunal Constitucional, em cuja abordagem sobre a interrupção da gravidez por opção da mulher estarão os argumentos sobre os quais pretendemos dedicar maior atenção. Este caso, aliás, mostra-se como nenhum outro hábil a ensejar o teste necessário sobre a *capacidade de rendimento* de nosso ponto de vista. Foi, com efeito, a partir da discussão em torno da eventualidade de uma necessária criminalização do aborto que se forjou, em termos de direito comparado, a discussão sobre a imposição de atuações penais, em virtude de disposições constitucionais.

A dúvida potencial sobre se estamos em um texto modesto de Direito Penal, ou se é de Direito Constitucional que deveras se trata, será para nós motivo de júbilo, porque é na interação de ambos que se nos afigura a proeminência do bem jurídico.

Num tempo em que alguma doutrina rechaça mesmo a asserção de que os bens jurídico-penais é que conduziriam à viabilização dos comandos proibitivos, cuja legitimidade se encerraria em termos normativos apenas, não será uma banalidade aduzir-se a um fundamento de ordem constitucional, que, assim, ilumine a crise por que passa o Direito Penal na atualidade.

2. DA CONSTITUIÇÃO AO DIREITO PENAL: UMA TRANSIÇÃO POSSÍVEL

2.1. Os direitos fundamentais em sua dimensão objetiva: a Constituição como fonte

Não será demasia dizer que a proteção dos direitos fundamentais pelo Estado é decorrência inequívoca da ordem constitucional e se confunde com a própria razão de sua existência; trata-se da necessária salvaguarda, em favor dos indivíduos, das posições jurídicas sem as quais a pessoa não se realiza, não convive e, às vezes, nem mesmo sobrevive.[1] Tudo, relevante dizer, decorrência do correr da história.[2]

---

[1] SILVA, José Afonso. *Curso de Direito Constitucional positivo*. 13. ed. São Paulo: Malheiros, 1997, p. 177. De igual maneira, consoante HESSE, os direitos fundamentais devem criar e manter as condições elementares para assegurar uma vida em liberdade. HESSE, Konrad. *Significado de los derechos fundamentales*. Tradução de Antonio López Pina. In: Manual de Derecho Constitucional. 2 ed. Madrid-Barcelona: Marcial Pons, 2001, p. 89. Diz ALEXY, já adiantando um debate que se fará presente no correr do texto, que os direitos fundamentais são posições tão importantes que "a decisão sobre garanti-las ou não simplesmente não pode ser deixada para a maioria parlamentar simples". ALEXY, Robert. *Teoria dos Direitos Fundamentais*. Tradução de Virgilio Afonso da Silva. 2. ed. São Paulo: Malheiros, 2011, p. 446.

[2] Neste sentido: PECES-BARBA, Gregorio. *Teoria dei Diritti Fondamentali*. Milano: Giuffrè Editore, 1993, p. 95-6. Também VIEIRA DE ANDRADE alude à objetivização dos direitos fundamen-

A primeira geração de direitos dominou o século XIX e se compõe dos direitos de liberdade, notadamente da índole dos civis e políticos. Tendo como titular o indivíduo, são preponderantemente oponíveis frente ao Estado, ostentando uma subjetividade que é seu traço marcante. No que toca à segunda dimensão dos direitos fundamentais, ter-se-ia a imposição de realização, pelo Estado, de prestações, tendentes à sua efetivação. Essas, contudo, não correspondem apenas a realizações de ordem fática, mas, muitas vezes, estão concentradas na realização de atividades situadas na órbita do jurídico, num plano normativo.[3]

É comum, portanto, sustentar-se que os direitos fundamentais de primeira dimensão impõem ao Estado o dever de se abster, ou seja, não afetar a órbita jurídica do particular, no que se os qualificaria como direitos de defesa. Canotilho,[4] com efeito, aduz que seu destinatário é o Estado e que têm como objeto característico a obrigação de sua abstenção relativamente à esfera jurídico-subjetiva por eles definida e protegida. Não estaria em causa, nesta medida, a exigência de atuações estatais, mas, sim, a não ingerência na esfera pertinente ao direito fundamental do particular; trata-se, portanto, da consolidação de uma mentalidade fundada no interesse pessoal e que converte o interesse do indivíduo em instrumento do bem comum, de modo convergente à ideologia liberal, cuja finalidade estaria em permitir ao indivíduo burguês o livre desenvolvimento de sua atividade econômica e, também, a direção do poder político.[5]

A seu turno, os direitos que compõem a segunda dimensão de direitos fundamentais consistiriam em direitos a prestações ou atividades do Estado,[6] que, já aqui, há de atuar no sentido de realizar ou

---

tais no contexto da evolução histórica, marcada sobretudo pelos processos de democratização e socialização. VIEIRA DE ANDRADE, José Carlos. *Os direitos fundamentais na Constituição Portuguesa de 1976*. Coimbra: Livraria Almedina, 1987, p. 145 e, ainda: HESSE, op. cit., p. 94.

[3] De modo que, numa primeira abordagem, poder-se-ia afirmar que "el elemento prestacional constituye la clave para distinguir entre derechos de igualdad y de libertad". COSSIO DÍAZ, José Ramon. *Estado Social y Derechos de prestación*. Madrid: Centro de Estudios Constitucionales, 1989, p. 89.

[4] CANOTILHO, José Joaquim Gomes. *Direito constitucional*. 5. ed. Coimbra: Almedina, 2002, p. 397.

[5] PECES-BARBA, op. cit., p. 98-9. No mesmo sentido, ALEXY assinala aos direitos de defesa a interpretação liberal clássica, que os conceberia como uma espécie de *status* negativo, no sentido de serem direitos a ações *negativas*, a abstenções. ALEXY, op. cit., p. 433. Deste modo, chega-se a falar que os direitos fundamentais de primeira dimensão apresentariam teor antiestatal. Assim, Cf. BONAVIDES, Paulo. *Curso de Direito constitucional*. 15. ed. São Paulo: Malheiros, 2004, p. 518. No mesmo sentido, mas sob o ponto de vista da atividade administrativa, Cf. SAMPAIO SILVA, Clarissa. *Direitos Fundamentais e relações especiais de sujeição*: o caso dos agentes públicos. Belo Horizonte: Editora Fórum, 2009, p. 24-5.

[6] CANOTILHO, op. cit., p. 401.

tornar efetiva a situação jurídica consagrada, em termos normativos ou de ordem fática. Ou seja, na segunda dimensão a satisfação dos direitos fundamentais já não mais sucederia com meras abstenções estatais.

No plano teórico, essa nova concepção trouxe ao tratamento dos *direitos fundamentais de primeira dimensão* uma decisiva alteração, no sentido de se inferir que, mesmo quanto a esses direitos, não se deve considerar suficiente apenas a imposição de abstenções ao Estado. A ideia de que apenas a inércia estatal bastaria para fazer hígidos *direitos de liberdade* estaria superada. Isto significa que os direitos denominados de liberdade adquirem uma dimensão prestacional, em virtude da qual se reconhece junto às normas que prescrevem abstenções estatais conteúdos que impõem ao legislador determinadas prestações normativas. Assim, os direitos fundamentais deixam de ser vistos "exclusivamente como derechos de abstención, preconizado por la teoria liberal".[7]

Esses direitos fundamentais passaram a se apresentar, no âmbito constitucional, segundo assinalado por Pérez Luño,[8] como um conjunto de valores objetivos básicos, a impor fins diretivos da ação positiva dos poderes públicos, não consistindo apenas em garantias negativas de interesses individuais. Ademais, com isso acentua-se a relação entre a garantia do gozo destes direitos por todos à necessidade de uma intervenção reguladora, que crie as condições para o seu exercício efetivo.[9]

Donde extrair-se que os direitos fundamentais, mesmo os clássicos direitos de liberdade, devem superar o seu aspecto meramente individualista,[10] que leva em conta somente a pessoa individual e sua posição perante o Estado, para considerar também o ponto de vista da

---

[7] E, com isso: "las disposiciones jusfundamentales devienen simultáneamente fuente de deberes legislativos de abstención y de acción". BERNAL PULIDO, Carlos. *El principio de proporcionalidad y los derechos fundamentales*: el principio de proporcionalidad como criterio para determinar el contenido de los derechos fundamentales vinculante para el legislador. Madrid: Centro de Estudios Políticos y Constitucionales, 2005, p. 393.

[8] PÉRES LUÑO, Antonio-Henrique. *Los derechos fundamentales*. 6. ed. Madrid: Ed. Tecnos, 1995, p. 20.

[9] VIEIRA DE ANDRADE, op. cit., p. 146.

[10] O individualismo era a "vera forma di realizzazione dell'uomo borghese", cuja aspiração era a de fazer-se protagonista da história, em contraste com a dissolução do indivíduo que se verificava na realidade comunitária ou corporativa do medievo. PECES-BARBA, op. cit., p. 113. Em certa medida é o que se vê na distinção traçada por Jorge Miranda, a propósito de que, para os antigos, a liberdade consistiria na participação na vida da cidade; para os modernos, na realização da vida pessoal. MIRANDA, Jorge. *Manual de Direito Constitucional*, Tomo IV, Coimbra Editora, 1988, p. 14.

sociedade, da comunidade na sua totalidade, já que se está a tratar de valores e fins que esta deve respeitar e concretizar.[11]

Não se pode considerar trivial essa forma de ver as coisas. Trata-se, convém dizer, de uma ruptura com a concepção liberal dos direitos fundamentais, fundada no pressuposto de uma "desejada separação entre Estado e sociedade",[12] em ordem a ter-se a preservação jurídica das esferas de autonomia individual como a principal função destes direitos.

Tal ruptura trará significativas consequências ao Direito Penal, sobretudo quando se supõe que a manutenção do paradigma liberal,[13] ainda hoje, estabelece à atividade estatal meramente a condição de *adversária dos direitos fundamentais*, sem perceber que lhe incumbe, antes de tudo, protegê-los.[14]

Não que devamos deixar de lado a necessária contenção do Estado, porquanto não se está a falar de uma superposição de perspectivas. A dimensão objetiva com que se está a tratar dos direitos fundamentais não prejudica a subjetiva; essa fornece o conteúdo essencial dos preceitos e aquela, fixemos isso, reforça-lhes a imperatividade e alarga a sua influência no ordenamento jurídico.[15] Porém, não se pode descurar de uma nova interpretação dos direitos e liberdades tradicionais,

---

[11] SARLET, Ingo Wolfgang. Constituição e proporcionalidade: o direito penal e os direitos fundamentais entre proibição de excesso e de insuficiência. *Revista da Ajuris*, Porto Alegre, n. 98, Jun. 2005, p. 123.

[12] REIS NOVAIS, Jorge. *Os princípios constitucionais estruturantes da República Portuguesa.* Coimbra. Coimbra Editora: 2011, p. 23.

[13] Veja-se a declarada opção pelo – *ainda* – paradigma iluminista, de Ferrajoli, revelada no prefácio de Direito e Razão, por BOBBIO: "é importante, para a plena compreensão do conjunto, que não se perca de vista a idéia inspiradora da obra: a idéia iluminista e liberal – iluminista em filosofia e liberal em política". FERRAJOLI, Luigi. *Direito e razão: teoria do direito penal.* São Paulo: Revista dos Tribunais, 2002, p. 8. A asserção tem sua relevância, porquanto o paradigma iluminista – que, naturalmente, a seu tempo foi de enorme importância à superação do modelo absolutista vigente – redundou, no campo jurídico, no positivismo; tanto que Bobbio, em seu clássico sobre o tema, indica que as codificações, que representam o máximo triunfo celebrado por este dogma, não são "um produto do absolutismo, mas do iluminismo e da concepção liberal do Estado". BOBBIO, Norberto. *O Positivismo Jurídico.* Lições de Filosofia do Direito. São Paulo: Ícone Editora, 2006, p. 38. Insista-se: a crítica não é ao paradigma em si, mas à sua manutenção, em tempos nos quais o papel a ser desempenhado pelo Estado não se reduz mais àquele lhe destinado pela concepção liberal.

[14] Este é assunto que será retomado posteriormente, sobretudo quando tratarmos de aspectos mais de perto relacionados à teoria do bem jurídico penal, mas já se pode adiantar que, para uma crítica ampla ao "estacionar o Direito Penal" na fase iluminista da história são importantes as críticas de Schünemann. Cf. SCHÜNEMANN, Bernd. *Del Derecho Penal de la clase baja al Derecho Penal de clase alta: Un Cambio de paradigma como exigencia moral?* In: Temas actuales y permanentes del Derecho Penal después del milenio. Madrid: Editorial Tecnos, 2002, p. 53-9.

[15] Como assinalado por Viera de Andrade, a dimensão objetiva surge como "complemento e suplemento da dimensão subjectiva". VIEIRA DE ANDRADE, op. cit., p. 159-161.

que passam, também, a ser condicionados "por uma nova perspectiva de integração comunitária e vinculação social".[16]

Isto significará que a proclamação das denominadas liberdades negativas, e o seu atendimento por via de abstenções de intervenção, já agora é insuficiente. Pois simultaneamente deve-se resguardar esses direitos, prevenindo eventuais abusos e regulando conflitos,[17] que podem surgir da interação entre os indivíduos.

Ao tratar da distinção material entre os direitos de defesa e os direitos à prestação, Borowski aponta a situação de perigo para um direito fundamental, proveniente da conduta de um terceiro; neste caso, requerer-se-á uma atuação positiva estatal, que em geral faz imprescindível a edição de uma lei, por parte do Parlamento. E diz mais, porque acaso o Estado já tenha anteriormente expedido esta *lei de proteção*, ter-se-á que "la obligación de expedirla se convierte en la de no derogarla".[18]

Numa palavra, passa-se a conceber a necessidade de uma posição ativa do Estado, no sentido de *garantir os direitos fundamentais contra agressão propiciada por terceiros.*[19]

Está-se, pois, a falar, como refere Bonavides,[20] de uma realidade social mais rica, por isso que aberta à participação criativa e à valoração da personalidade, diferente do quadro tradicional da "solidão individualista, em que se formara o culto liberal do homem abstrato e insulado", sem a densidade dos valores existenciais.[21]

---

[16] REIS NOVAIS, op. cit., p. 33.

[17] Neste sentido: CANOTILHO, op. cit., p. 409. Particularmente quando assinala que a função de proteção perante terceiros impõe ao Estado um dever, no sentido de proteger perante terceiros os titulares de direitos fundamentais.

[18] BOROWSKI, Martin. *La estructura de los derechos fundamentales.* Tradução de Carlos Bernal Pulido. Bogotá: Universidad Externado de Colombia, 2003, p. 114-5.

[19] MENDES, Gilmar Ferreira. Os direitos fundamentais e seus múltiplos significados na ordem constitucional. *Revista Diálogo Jurídico*, Jan. 2002, p. 4. Disponível em: www.direitopublico.com. br. Acesso em: 12 de janeiro de 2012. Para, uma vez mais, dar sinal do que à frente se pretende estabelecer, cumpre, desde logo, a referência de que, conforme assenta Díez-Picazo: "a veces la protección de ciertos derechos fundamentales – y, más en general, de determinados valores constitucionalmente relevantes – sólo puede ser efectiva si se hace por vía penal". DÍEZ-PICAZO, Luis M. *Sistema de derechos fundamentales.* Madrid: Civitas, 2003, p. 403.

[20] BONAVIDES, op. cit., p. 565.

[21] Para Canotilho, só a unidimensionalidade da teoria liberal dos direitos, pela qual se reconduzia sempre os direitos fundamentais à ideia de "direitos de defesa-ditanciação", explica o desprezo à noção que atribui ao Estado o dever de "proteger os direitos e liberdades dos indivíduos perante as agressões e ameaças de outros indivíduos". CANOTILHO, José Joaquim Gomes. Omissões normativas e deveres de protecção. In: *Estudos em homenagem a Cunha Rodrigues*, volume II, Organização: Jorge de Figueiredo Dias e outros. Coimbra: Coimbra Editora, 2001, p. 111.

Nesse contexto, o Estado evolui da posição de *adversário* – ou de provável causador de ofensas aos direitos de primeira dimensão, que, assim, deve ser contido – para uma função de *guardião* dos direitos fundamentais.[22] Porque mesmo os direitos fundamentais de primeira dimensão estão a exigir, para a salvaguarda de sua eficácia, certa atuação estatal.

Dentre as múltiplas consequências advindas dessa perspectiva está o surgimento de *deveres de proteção*, atribuíveis ao Estado, do qual passa a ser exigível a tutela dos direitos fundamentais reconhecidos constitucionalmente.[23] Tanto assim que, segundo Sarlet,[24] as normas de direitos fundamentais serão hábeis a implicar uma atuação positiva do Estado, obrigando-o a intervir (preventiva ou repressivamente) inclusive quando se tratar de agressão oriunda de outros particulares.

Reconduz-se ao princípio do Estado de Direito essa concepção, na medida em que o Estado é detentor do monopólio, tanto da aplicação da força, quanto da solução de litígios entre particulares, que, salvo em hipóteses excepcionais, a exemplo da legítima defesa, não se podem valer de meios próprios tendentes a corrigir os consectários decorrentes das agressões de outros indivíduos. Neste sentido, parece acertada a lição de Reis Novais, segundo o qual o dever estatal de proteção deixa de estar focado na estrita tutela e segurança da propriedade privada e da liberdade negativa individual, para se alargar a todos os direitos fundamentais. Assim, precisamente porque são direitos fundamentais, o Estado haverá de protegê-los; melhor dito, está obrigado a proteger, uma vez que "assumindo o monopólio do uso da força coerciva legítima, fica obrigado à proteção geral da vida, segurança, bem-estar, liberdade e propriedade dos particulares".[25]

Nada obsta, nessa ordem de ideias, o reconhecimento de um autêntico dever constitucional de legislar, que, na dicção de Mendes,[26] determina ao legislador a expedição de atos normativos conformado-

---

[22] HESSE, Konrad. *Significado de los derechos fundamentales*. Tradução de Antonio López Pina. In: Manual de Derecho Constitucional. 2. ed. Madrid-Barcelona: Marcial Pons, 2001, p. 95.

[23] BOROWSKI, op. cit., p. 144-5.

[24] SARLET, op. cit., p. 129.

[25] REIS NOVAIS, Jorge. *Direitos Sociais*: Teoria Jurídica dos Direitos Sociais enquanto direitos fundamentais. Coimbra: Coimbra Editora, 2010, p. 259. Neste ponto, ainda, Cf. GARCIA, Emerson. *Conflito entre normas constitucionais. Esboço de uma teoria geral*. Rio de Janeiro: Lumen Juris, 2008, p. 306-310.

[26] MENDES, op. cit., p. 06.

res e concretizadores de alguns direitos.[27] Noutras palavras, e seguindo neste ponto o alvitre de Cunha, será lícito aludir-se à existência de um dever, que implica também a proteção dos bens e valores constitucionais frente a ataques de entidades privadas e pessoas singulares e que, em vista disso, enseja ao legislador a imposição de criação de sistemas preventivos e sancionatórios – na medida em que a sanção seja necessária para a prevenção – dessas agressões. Segundo a autora, aliás, um "dos sistemas preventivos de que o Estado dispõe, o sistema preventivo mais forte, é o sistema penal".[28]

Estamos, entretanto, longe de um consenso a respeito dessa perspectiva.

A influência do constitucionalismo no Direito Penal faz-se sentir de maneira firme ao se tratar de categorias como a *proibição de excesso*, mas, quando o tema caminha para a afirmação da necessidade de atuação estatal, ainda que em nível de proteção dos direitos fundamentais, o acordo doutrinário parece impossível.[29]

Como impossível, deve-se dizer, seria o exame de tudo quanto se tem asseverado para a manutenção da ordem constitucional apenas como *limite*, e não como *fonte* do processo de criminalização.

Mas há algo que se pode dizer.

---

[27] Não se está a sustentar, ingenuamente, que apenas a atividade legislativa dá conta de empreender a proteção requerida por essa ordem de direitos. Como se sabe, a designação genérica de deveres de proteção comporta variadas perspectivas, como aquela tendente a prevenir e reprimir agressões impostas por terceiros, mas também a tendente à criação de regras de procedimento e organização. Neste sentido, PEREIRA DA SILVA, Jorge. *Dever de legislar e protecção jurisdicional contra omissões legislativas*. Lisboa: Universidade Católica Editora, 2003, p. 38. Mas essas outras não excluem a primeira, como parece ser curial. No ponto, Cf. ALEXANDRINO, José de Melo. *A estruturação do sistema de direitos, liberdades e garantias na Constituição Portuguesa*. Lisboa: Almedina, 2006, p. 455. De todo modo, as potenciais descontinuidades entre o reconhecimento dos deveres de proteção – reconhecimento que, calha dizer, já é de grande significação constitucional – e a imperatividade na edição de leis, mormente de índole penal, será tratada na sequência do texto.

[28] CUNHA, Maria da Conceição Ferreira da. *Constituição e crime: uma perspectiva da criminalização e da descriminzalização*. Porto: Universidade Católica Portuguesa, 1995, p. 287.

[29] Tem razão Lagodny, quando afirma que "buena parte de las argumentaciones jurídico-penales no tiene en cuenta la dogmática de los derechos fundamentales comúnmente aceptada entre los constitucionalistas". LAGODNY, Otto. *El Derecho Penal Sustantivo como piedra de toque de la dogmática constitucional*. Tradução de Íñigo Ortiz de Urbina Gimeno. In: La Teoria del Bien Jurídico: fundamento de legitimación del derecho Penal o juego de abalorios dogmático? Roland Hefendehl (ed.). Madrid: Marcial Pons, 2007, p. 129. Na conclusão do texto, o autor reconhece que o Direito Penal está a enfrentar um *déficit explicativo* não insignificante, que somente o Direito Constitucional pode satisfazer; porém: "el derecho penal está obligado a participar en tal aclaración: si no, no tendrá lugar un diálogo". Idem, p. 136.

2.2. Dos deveres de proteção aos imperativos de tutela penal, uma relação difícil

Seja dito, a esta altura, que a dimensão objetiva dos direitos fundamentais está na imposição de deveres ao Estado, no sentido de proteger perante terceiros os titulares destes direitos fundamentais.[30] E seja dito, portanto, da necessidade de adoção de medidas positivas destinadas a tal finalidade, resguardando-se o exercício dos direitos fundamentais frente a atividades perturbadoras ou lesivas, potencialmente praticadas por terceiros.[31]

O avanço deste ponto de vista pode ensejar a concepção de que o bem jurídico se afigura como ponto de contato entre a dogmática penal e a teoria constitucional, no sentido que parece sustentar Amelung. Com efeito, assinala o autor, a propósito do dogma do bem jurídico, o ensejo próprio para a "conexión de la política con la dogmática", no sentido de que o conceito de bem jurídico "traslada el dinamismo de lo político a la estabilidad del sistema jurídico".[32] Deste modo, poder-se-ia dizer que "los derechos fundamentales protegen frente al Estado los mismos bienes que el Derecho penal protege frente a los ciudadanos".[33]

Mas isso tudo ainda é cedo para dizer. Porque do reconhecimento de deveres de proteção não se intui *tout court* a asserção de que a proteção se realize pela via do Direito Penal.[34]

---

[30] Neste ponto, convém frisar que não desconhecemos, com Alexy, que o direito a ações positivas do Estado engloba (a) os direitos fundamentais sociais; (b) os direitos a organização e procedimento; (c) os direitos a proteção. ALEXY, Robert. Sobre la estructura de los derechos fundamentales de protección. Tradução: Daniel Oliver-Lalana. In: *La teoría principialista de los derechos fundamentales*. Madrid: Marcial Pons, 2011, p. 121. Interessa-nos, contudo, dar ênfase a estes últimos.

[31] CANOTILHO, José Joaquim Gomes. *Direito constitucional*. 5. ed. Coimbra: Almedina, 2002, p. 407.

[32] AMELUNG, Knut. El concepto «bien jurídico» en la teoría de la protección penal de bienes jurídicos. In: *La Teoria del bien jurídico*: fundamento de legitimación del Derecho penal o juego de abalorios dogmático? Roland Hefendehl (ed.). Madrid: Marcial Pons, 2007, p. 232.

[33] AMELUNG, op. cit., p. 238. Em sentido semelhante, Cf. CARVALHO, Márcia Dometila. *Fundamentação constitucional do Direito Penal*. Porto Alegre: Sergio Antonio Fabris, 1992, p. 35. A autora aduz a potencialidade de despenalização, com referência a infrações abrigadas nas leis penais mas que não ofendem, significativamente, os interesses tutelados pela Constituição, e penalização de fatos até então indiferentes ao legislador, mas que não poderão continuar nessa condição, por revelarem afronta a direitos consagrados constitucionalmente. Igualmente aludindo ao bem jurídico como *intermediário* entre a norma constitucional e a penal, de modo que a legitimidade dos preceitos penais tenha, como primeira condição, que estes tutelem "algo que pueda ser considerado desde la perspectiva constitucional un *bien*", Cf. VIVES ANTÓN, Tomás S. *Fundamentos del sistema penal*: acción significativa y derechos constitucionales. 2. edición. Valencia: Tirant lo Blanch, 2011, p. 832.

[34] Há, aqui, forte discordância doutrinária, bastando, por enquanto, a indicação da conhecida posição de Figueiredo Dias, que manifesta sua "convicção da inexistência de imposições jurídi-

Colocando a questão noutros termos, a indagação que se põe é a respeito do *como* da proteção, reconhecido que seja o *se*. Saber-se se este *como* convoca, de alguma maneira necessariamente, o Direito Penal, é o que se pretende responder.[35]

Tratar, entretanto, precedentemente, da configuração constitucional dos deveres de proteção é algo que se afigura impositivo.[36]

É mesmo Alexy que assinala o entendimento de que por direitos a proteção devem ser concebidos os "direitos do titular de direitos fundamentais em face do Estado a que este o proteja contra intervenção de terceiros".[37] Se bem que sejam variados os mecanismos tendentes ao cumprimento deste dever estatal, que engloba desde ações fáticas, normas processuais ou civis, entre eles encontra-se, induvidosa, a convocação de normas penais.[38]

É verdade que se discute firmemente a propósito da potencial subjetivação dos direitos de proteção, o que significa dizer não ser consensual a sua *justiciabilidade*. Parece que, em termos dos denominados direitos de defesa, em que todo e qualquer ato estatal revelaria violação, a subjetivização encontraria menos obstáculos, os quais, todavia, em se cuidando de direitos que impusessem uma atividade de proteção de conteúdo não definido, seriam quase insuperáveis. Pois,

---

co-constitucionais implícitas (sejam absolutas, sejam meramente relativas) de criminalização". FIGUEIREDO DIAS, Jorge de. *Comentário Conimbricense do Código Penal*. Parte Especial. Tomo I. Coimbra: Coimbra Editora, 1999, p. 172.

[35] CANARIS assinala, com efeito, que o dever de proteção tematiza o *se* da proteção, de maneira que quando se extrai da Constituição um dever de proteção, deve-se verificar "se o direito ordinário satisfaz suficientemente esse dever de protecção, ou se, pelo contrário, apresenta, neste aspecto, insuficiências". CANARIS, Claus-Wilhelm. *Direitos fundamentais e Direito privado*. Coimbra: Almedina, 2009, p. 123. Ou seja, são dois percursos argumentativos distintos, que, ao fim, impõem averiguar se a proteção do direito infra-constitucional é eficaz e apropriada, já que, como parece ser claro, um dever de tomar medidas ineficazes não teria qualquer sentido.

[36] O que noutros termos poderia ser dito como uma compreensão do âmbito de validade dos direitos fundamentais para além da relação entre o cidadão e o Estado. No ponto, Cf. ALEXY, Robert. Sobre la estructura de los derechos fundamentales de protección. Tradução: Daniel Oliver-Lalana. In: *La teoría principialista de los derechos fundamentales*. Madrid: Marcial Pons, 2011, p. 119.

[37] ALEXY, Robert. *Teoria dos Direitos Fundamentais*. Tradução de Virgilio Afonso da Silva. 2. ed. São Paulo: Malheiros, 2011, p. 450. Expressivamente o autor fornece como primeiro exemplo a proteção contra homicídios na forma tradicional, e indica que "não há dúvidas de que o Estado tem que proteger o indivíduo contra homicídio". Idem, p. 453. No mesmo sentido, ainda Alexy estabelece a definição de que os direitos de proteção, como direitos fundamentais, são "derechos que su titular tiene frente al Estado a que éste le proteja de las injerencias de terceros". ALEXY, Robert. Sobre la estructura de los derechos fundamentales de protección. Tradução: Daniel Oliver-Lalana. In: *La teoría principialista de los derechos fundamentales*. Madrid: Marcial Pons, 2011, p. 121. E indaga, neste texto ainda: "no vulneraria el Estado el derecho a la vida si despenalizara el homicidio?". Idem, p. 122.

[38] ALEXY, Robert. *Teoria dos Direitos Fundamentais*. Tradução de Virgilio Afonso da Silva. 2. ed. São Paulo: Malheiros, 2011, p. 451.

ao se proibirem a violação ou destruição de algo, todas as ações a tanto direcionadas estariam vedadas, ao passo que se se ordena a proteção ou o salvamento, nem todas as ações que os consubstanciem estão determinadas. O exemplo de Alexy a este respeito é tão conhecido quanto esclarecedor: se é possível salvar uma pessoa que está se afogando nadando até ela, jogando-lhe uma boia ou utilizando um barco, de nenhuma forma serão as três ações simultaneamente obrigatórias.[39]

Mas este entendimento exige maior reflexão. Porque os direitos de defesa igualmente apresentam variadas controvérsias quanto à sua qualificação como pretensões jurídicas, a ponto de podermos dizer que "a justiciabilidade dos direitos de protecção não suscita problemas que não existam também no âmbito dos direitos de defesa".[40] A diferença estrutural, portanto, sobre terem os direitos à proteção um potencial de atendimento de nível alternativo ou disjuntivo e os direitos de defesa, conjuntivo,[41] não os afasta na consequência, que é a justiciabilidade, e nem os diferencia na base, que é a de ambos configurarem-se como expressões dos direitos fundamentais.

Ademais, se por um lado é inegável o fato de que a verificação de cumprimento de um dever de proteção não se reduza simplesmente à avaliação do que é efetivo e do que não o é – *há também meios de proteção mais ou menos efetivos* –, de outra parte, será exatamente a existência de uma certa discricionariedade legislativa, a tal respeito, a medida decisiva no que diz respeito à justiciabilidade das ações positivas.

Talvez aqui nos encontrássemos no mesmo ponto de dúvida a respeito da convocação do Direito Penal, mas já agora poderíamos aludir ao tema num outro nível. Pois essa discricionariedade legislativa requer *prognose e avaliação*, ou, como se queira, impõe ônus argumentativo mesmo ao legislador, cujos atos não são insuscetíveis de controle.

Mesmo um argumento clássico parece ser pertinente agora, e a sua invocação por Alexy não esconde a sua importância: a hipotética transição de uma situação pré-estatal para uma situação estatal, com a

---

[39] ALEXY, Robert. *Teoria dos Direitos Fundamentais*, Tradução de Virgilio Afonso da Silva. 2. ed. São Paulo: Malheiros, 2011, p. 462. O mesmo exemplo se encontra em: ALEXY, Robert. *Epílogo a la teoria de los derechos fundamentales*. Tradução de Carlos Bernal Pulido. Madrid: Centro de Estudios, 2004, p. 35. Com semelhante entendimento, Cf. HESSE, Konrad. Significado de los derechos fundamentales. Tradução de Antonio López Pina. In: *Manual de Derecho Constitucional*. 2. ed. Madrid-Barcelona: Marcial Pons, 2001, p. 105.

[40] ALEXY, Robert. *Teoria dos Direitos Fundamentais*. Tradução de Virgilio Afonso da Silva. 2. ed. São Paulo: Malheiros, 2011, p. 470.

[41] ALEXY, Robert. Sobre la estructura de los derechos fundamentales de protección. Tradução: Daniel Oliver-Lalana. In: *La teoría principialista de los derechos fundamentales*. Madrid: Marcial Pons, 2011, p. 123.

renúncia ampla à autoproteção, somente pode ser racionalmente justificada "se o indivíduo receber, por essa renúncia, um direito à protecção estatal efetiva".[42] O que, de algum modo, já permite um critério, no sentido de que a *inércia estatal quando lhe era determinada uma atuação, não atende ao dever de proteção*.

Mas isto ainda é pouco, reconheçamos, quando já se apontou que há meios de proteção *mais ou menos* efetivos – uma certa afirmação da *justiça constitucional* haverá de ser realizada adiante. Por agora, porém, para o efeito da apresentação do Direito Penal no quadro variado dos mecanismos dispostos à atividade protetiva, devemos lançar duas palavras sobre a *proporcionalidade*.

De início, para salientar que a unilateral concepção do princípio sob o enfoque da proibição de excesso traduz a permanência no paradigma liberal, já referido alhures, com o consequente manejo de seus corolários limitadamente para o fim de profligar atuações eventualmente lesivas do Estado – que as há –, em desconformidade à noção que se crê atual, de que os direitos fundamentais ostentam igual faceta objetiva, em ordem a requerer tutela, já qualificada como devendo ser efetiva.[43] A este respeito, aliás, afirma Palazzo que: "mentre originariamente i diritti erano assunti con un ruolo di *limite* al potere punitivo, oggi essi costituiscono anche e sopratutto degli oggetti di tutela alla protezione dei quali deve *estendersi* il diritto penale".[44]

Diante disso, diríamos com Alexy que tanto a proibição de excesso como a *proibição de insuficiência* são aspectos do princípio da proporcionalidade e de nenhum modo se afiguram como projeções entre si independentes.[45] [46]

---

[42] ALEXY, Robert. *Teoria dos Direitos Fundamentais*. Tradução de Virgilio Afonso da Silva. 2. ed. São Paulo: Malheiros, 2011, p. 455.

[43] Como aponta Mir Puig, se as primeiras declarações de direitos estavam pensadas em virtude dos direitos que o Estado deveria respeitar, na atualidade se "ha impuesto la outra cara de los derechos fundamentales: la de conceder no sólo un derecho de defensa frente al Estado, sino también un derecho a reclamar del Estado su protección frente a los demás ciudadanos (...) contribuir a la protección de los derechos fundamentales y otros bienes jurídicos básicos mediante el Derecho penal puede formar parte de dicho cometido estatal". MIR PUIG, Santiago. *Bases Constitucionales del Derecho Penal*. Madrid: Iustel, 2011, p. 66.

[44] PALAZZO, Francesco. Costituzionalismo penale e diritti fondamentali. In: *Diritti, Nuove Tecnologie, Trasformazioni Sociali: scritti in memoria di Paolo Barile*. Milano: CEDAM, 2003, p. 595.

[45] Isto, naturalmente, sem se olvidar a maior dificuldade de caracterização da última, em relação á primeira. Nas palavras de STÖRRING: "einigkeit besteht allerdings darin, daß das Untermaßverbot sehr viel schwerer zu ermitteln ist als das Übermaßverbot". STÖRRING, Lars Peter. *Das Untermaßverbot in der Diskussion: untersuchung einer umstrittenen Rechtsfigur*. Berlin: Duncker&Humblot, 2009, p. 18. No mesmo sentido, Cf. ALEXY, Robert. Die Prinzipientheorie der Grundrechte. In: *Zur Struktur der Grundrechte auf Schutz*. Organizado por Jan Sieckmann. Baden-Baden: Nomos, 2007, p. 113. De modo que a proibição de proteção deficiente se violaria "cuando el principio de proporcionalidad se vulnera mediante una omisión de la protec-

De jeito algum, diga-se com ênfase, há de se relacionar este ponto de vista com uma tendência de mera expansão do Direito Penal.[47]

Ver-se-á adiante que não apenas a manutenção do relevo que se atribui aos bens jurídicos é, em si, um limite inequívoco, como a própria consequência da aproximação da dogmática penal aos influxos constitucionais, antes de tudo, haverá de ensejar o afastamento de uma série de condutas do campo de incidência penal.[48]

Porque, como salienta Mir Puig, para que um bem mereça proteção do Direito Penal deve "constituir un interés directo o indirecto del ciudadano dotado de una importancia *fundamental*".[49] De forma que, incluída a finalidade de proteção do Direito Penal no contexto do princípio da proporcionalidade, o objeto a proteger-se deve ter uma importância "proporcionada a la gravedad de toda intervención penal".[50]

Digamos o mesmo de um modo mais direto, a fim de esclarecer, numa síntese, que os crimes são obstáculos que dificultam, impedem

---

ción" que pode ser "la omisión de toda protección o la omisión de un determinado nivel de protección". ALEXY, Robert. Sobre la estructura de los derechos fundamentales de protección. Tradução: Daniel Oliver-Lalana. In: *La teoría principialista de los derechos fundamentales*. Madrid: Marcial Pons, 2011, p. 129-130. No mesmo sentido, acentuando que o princípio da proporcionalidade requer, para sua densificação, o exame conjunto da proibição de excesso e da proibição de insuficiência, Cf. CLÉRICO, Laura. La prohibición por acción insuficiente por omisión o defecto y el mandato de proporcionalidad. In: *La teoría principialista de los derechos fundamentales*. Madrid: Marcial Pons, 2011, p. 170. Segundo a autora, sucederia uma violação ao dever de proteção não apenas nos casos de inatividade estatal, como também nas hipóteses em que as "medidas estatales sean inidóneas o defectuosas para alcanzar el fin de protección obligatorio". Idem, p. 175.

[46] Indicando que, por exemplo, a extrema importância do direito à vida exigirá uma pena grave para o homicídio e que "una protección menor infringiría en este caso el llamado principio de 'prohibición de infraprotección'", Cf. MIR PUIG, Santiago. *Bases Constitucionales del Derecho Penal*. Madrid: Iustel, 2011, p. 67.

[47] Assim, entretanto, a crítica de Pulitanò, que supõe como consectário da ideia de legitimação constitucional dos bens jurídicos uma certa oposição a alterações despenalizantes e a imposição de reformas de criminalização. PULITANÒ, Domenico. Obblighi costituzionali di tutela penale? In: *Rivista Italiana di Diritto e procedura penale*, ano XXVI, fascículo 2, aprile-giugno, 1983. Milano: Dott. A. Giuffrè, 1983, p. 525. No mesmo sentido, alertando para o risco da ideia de bem jurídico "en lugar de desempeñar una función limitadora del Derecho penal" se converter "en una invitación permanente a la incriminación", Cf. PRIETO SANCHÍS, Luis. *Justicia Constitucional y derechos fundamentales*. Madrid: Editorial Trotta, 2003, p. 280.

[48] A respeito desta dialética entre o intento delimitativo e o significado fundante de uma tutela coercitiva necessária, não obstante com conclusão diversa da aqui preconizada, Cf. PULITANÒ, Domenico. Obblighi costituzionali di tutela penale? In: *Rivista Italiana di Diritto e procedura penale*, ano XXVI, fascículo 2, aprile-giugno, 1983. Milano: Dott. A. Giuffrè, 1983, p. 507-510.

[49] MIR PUIG, Santiago. *Bases Constitucionales del Derecho Penal*. Madrid: Iustel, 2011, p. 115. Isto significa, segundo o autor, que o Direito Penal haverá de conciliar-se com (a) a necessária limitação do poder punitivo do Estado frente ao cidadão, o que implica respeito aos direitos fundamentais e (b) com o escopo de proteção eficaz frente a condutas que assinalem ataques a direitos das pessoas. MIR PUIG, op. cit., p. 59.

[50] MIR PUIG, op. loc. cit.

ou mesmo fazem derruir a possibilidade de desfrute de direitos fundamentais; de modo que ao Estado cabe "cumplir con el deber de remover los obstáculos que impiden o dificulten"[51] que esse desfrute dê-se em sua plenitude.

É certa, entretanto, a necessidade de uma espécie de *tradução*, para a linguagem jurídico-penal,[52] do que vimos expondo até este ensejo. O que nos lança nas descontinuidades da teoria do bem jurídico.

3. DO DIREITO PENAL À CONSTITUIÇÃO: UMA TRANSIÇÃO NECESSÁRIA

3.1. O bem jurídico em questão

A fundamentação do conceito de bem jurídico – *rectius*: o conceito mesmo de bem jurídico –, enfrenta uma crise. Que, aliás, não é nova.[53]

Desde os mais antigos, como Feuerbach,[54] com a postulação de lesão de um direito subjetivo como referência da proteção penal,[55]

---

[51] MIR PUIG, IDEM, p. 64. De notar-se a referência, nesta parte, ao artigo 9.2 da Constituição Espanhola, que, segundo o autor, está em legitimar a afirmação de que a intervenção penal constitui uma das formas de ação positiva requeridas para o efeito de proteção dos direitos fundamentais.

[52] Com a constatação de Figueiredo Dias, portanto, para quem em grande medida as Constituições democráticas do pós-guerra receberam "de forma expressa as proposições político-criminais mais importantes, formando aquilo que se vai chamando a ´Constituição penal´", estamos de pleno acordo. FIGUEIREDO DIAS, Jorge de. O "Direito Penal do bem jurídico" como princípio jurídico-constitucional. In: *XXV anos de jurisprudência constitucional portuguesa*. Colóquio comemorativo do XXV aniversário do Tribunal Constitucional. Coimbra: Coimbra Editora, 2009, p. 32.

[53] As dificuldades sobre a determinação de um conteúdo do bem jurídico à prova de inferências não escaparam à observação de HEFENDEHL. Cf. HEFENDEHL, Roland. El bien jurídico como eje material de la norma penal. In: *La Teoría del bien jurídico*: fundamento de legitimación del Derecho penal o juego de abalorios dogmático? Roland Hefendehl (ed.). Madrid: Marcial Pons, 2007, p. 179. Neste aspecto, também Cf. STELLA, Frederico. La teoría del bene giuridico e i c.d. fatti inoffensivi conforme al tipo. In: *Rivista Italiana di diritto e procedura penale*. Nuova série, ano XVI. Milano: Dott. A. Giuffrè Editore, 1973, p. 2-5. Em 1913, ROCCO já apontava a falta de consenso entre os autores a respeito do objeto da ofensa delituosa e daquilo a que propenderia a incidência da tutela jurídico-penal. Cf. ROCCO, Arturo. *L´oggetto del reato e della tutela giuridica penale*: contributo alle teoria generali del reato e della pena. Milano, Torino, Roma: Fratelli Bocca Editori, 1913, p. 225.

[54] FEUERBACH, Paul Johann Anselm Ritter von. *Tratado de derecho penal común vigente en Alemania*. Tradução da 14 edição, por Eugênio Raul Zaffaroni e Irma Hagemeier. Buenos Aires: Hammurabi, 1989, p. 58-64.

[55] É de grande valia histórica a apreciação da teoria de Feuerbach levada a cabo por Rocco. Cf. ROCCO, Arturo. *L´oggetto del reato e della tutela giuridica penale*: contributo alle teoria generali del reato e della pena. Milano, Torino, Roma: Fratelli Bocca Editori, 1913, p. 27-37 e, a partir daí,

passando pelas concepções positivistas, das quais derivaria a atuação do legislador como fundamento formal suficiente à criminalização de condutas,[56] até a conhecida crítica de Liszt, que sustentava que o bem jurídico é o interesse juridicamente protegido,[57] indicando que é a vida, não o Direito, que produz este interesse – embora apenas a proteção jurídica convertesse o interesse em bem jurídico –,[58] o certo é que jamais o tema alcançou estabilidade.[59]

A ponto de, atualmente, ser para alguns deveras discutível a sua importância como critério legitimador da intervenção penal.[60]

---

criticamente nas páginas seguintes. Muito mais recentemente, sobre o mesmo autor, Cf. SILVA DIAS, Augusto. *«Delicta in Se» e «Delicta Mere Prohibita»*: uma análise das descontinuidades do ilícito penal moderno à luz da reconstrução de uma distinção clássica. Coimbra: Coimbra Editora, 2008, p. 129-139.

[56] A literatura aqui é vastíssima, de modo que limitamo-nos a referir a síntese do pensamento de Binding elaborada por FERNÁNDEZ. Cf. FERNÁNDEZ, Gonzalo D. *Bien jurídico y sistema del delito*. Montevideo-Buenos Aires: B de F Editorial, 2004, p. 17-20. Para um desenvolvimento histórico mais geral, entre tantos, Cf. FIANDACA, Giovanni; MUSCO, Enzo. *Diritto Penale, parte generale*. 4. ed. Bologna: Zanichelli Editore, 2001, p. 7-11 e, ainda, SCHÜNEMANN, Bernd. *El derecho penal es la ultima ratio para la protección de bienes jurídicos! Sobre los límites inviolables del derecho penal en un estado liberal de derecho*. Tradução de Ángela de la Torre Benítez. Bogotá: Universidad Externado de Colombia, 2007, p. 9-17. No sentido de que a formulação de Binding potencializava a atividade do legislador, como "sujeto autorizado a llevar a cabo prácticamente cualquier valoración imaginable", Cf. AMELUNG, Knut. El concepto «bien jurídico» en la teoría de la protección penal de bienes jurídicos. In: *La Teoría del bien jurídico*: fundamento de legitimación del Derecho penal o juego de abalorios dogmático? Roland Hefendehl (ed.). Madrid: Marcial Pons, 2007, p. 233. Na doutrina portuguesa, por todos, Cf. COSTA ANDRADE, Manuel da. *Consentimento e acordo em Direito Penal (contributo para a fundamentação de um paradigma dualista)*. Coimbra: Coimbra Editora, 1991, p. 51-84.

[57] LISZT, Franz von. *Tratado de direito penal alemão*. Campinas: Russel, 2003, p. 139.

[58] LISZT, op. loc. cit.

[59] ROXIN, Claus. *Derecho Penal, parte general*. Tomo I. Tradução da 2 edição alemã, por Diego-Manuel Luzón Peña. Madrid: Editorial Civitas, 1997, p. 54. A elaboração de Roxin, neste particular, é demonstração das descontinuidades da doutrina; com efeito, se postula que o conceito de bem jurídico somente pode derivar da Lei Fundamental, adiante assume, não obstante, a idoneidade da criminalização – ainda que como contravenção – da produção de ruídos perturbadores e dos maus-tratos a animais, neste caso sob o frágil fundamento de uma espécie de solidariedade entre criaturas, que, todavia, com esta perspectiva, não sinalizaria, segundo pensamos, qualquer proveniência constitucional. ROXIN, op. cit., p. 55-9. Em sentido crítico, neste ponto, Cf. AMELUNG, op. cit., p. 236, que não deixou de lembrar que a primeira legislação de proteção aos animais, na Alemanha, fez-se "al tiempo que enviaban a las personas a las cámaras de gás".

[60] Não teremos condições de avaliar em pormenor as elaborações doutrinárias em tal perspectiva. De todo modo, também em termos jurisprudenciais, em alguns casos, pode-se verificar o que, para alguma doutrina, seria uma refração quanto à teoria do bem jurídico. É, com efeito, o que aponta GRECO, em relação ao caso de incriminação do incesto, julgado pelo Tribunal Constitucional Alemão. Neste sentido, Cf. GRECO, Luís. Tem futuro a teoria do bem jurídico? Reflexões a partir da decisão do Tribunal Constitucional Alemão a respeito do crime de incesto (§ 173 Strafgesetsbuch). In: *Revista Brasileira de Ciência Criminais*, Janeiro de 2010, volume 82. São Paulo: Revista dos Tribunais, 2010, p. 165-180). De todo modo, neste caso estamos mais afinados àquilo sustentado por KNUDSEN, e não verificamos, destarte, a suplantação de uma ideia de bem jurídico, em consequência da decisão do Tribunal Constitucional Alemão. Cf. KNUDSEN, Holger. Incesto entre irmãos e o Tribunal Federal Constitucional: a decisão de 26.02.2008 nos

De nossa parte, assentaríamos, desde logo, que não se poderia consentir que o legislador, ainda que de modo formalmente adequado, ou seja, por intermédio de *processo legislativo* consentâneo aos ditames constitucionais, tornasse crime toda e qualquer conduta que se revelasse existente no plano fático, sem que dessa mesma conduta se extraísse algum grau de ofensividade ou lesividade.

Como explana Maurach, em virtude mesmo da gravidade da sua incidência, o Estado "sólo puede utilizar al derecho penal como un medio extremo destinado a proteger los valores comunitarios más elementares e importantes".[61] Por isso que se faz necessário reassentar a teoria do bem jurídico-penal dentro de padrões e limites constitucionais, com atenção aos direitos individuais e sociais positivados.[62] Essa admoestação se faz importante, vale ressaltar, para que não se pense que a estreita vinculação entre o Direito Penal e a Constituição pretenda encetar uma ampliação no campo das condutas puníveis. Ao contrário disso, estabelece-se que o Direito Penal "potrebe munire legittimamente di tutela solo i beni costituzionalmente rilevanti, mentre per tutti gli altri il legislatore dovrebbe invece utilizzare strumenti di tutela extrapenale, amministrativa o civile, ecc".[63]

Ocorre que não é assim tão simples fazer convergir a categoria dos direitos fundamentais para o plano dos bens jurídicos.

Diríamos, neste aspecto, que o alvitre aqui buscado dar-nos-á *muito* e *pouco* ao mesmo tempo. *Muito*, porquanto alusivo à *qualidade* da intervenção penal, como quer que seja, no sentido de indicar quando essa se há de fazer legitimamente, lendo-se da assertiva inclusive para certos casos uma *necessidade* de incriminação, decorrente da necessidade de tutela de certos bens; *pouco*, visto que em alguns casos a *quantidade* da intervenção estará, evidentemente, a depender do grau de ofensa ao bem, e da capacidade de o ordenamento jurídico colimá--la de outras maneiras.

---

limites entre dignidade humana e os interesses da dogmática jurídica e da sociedade. In: *Revista Mestrado em Direito*, ano 9, n. 01. Osasco: Edifieo, 2009, p. 171-185. Sobre este ponto específico, acrescentaríamos, apenas, que em Abril de 2012 o mesmo tema – *caso Stubing vs. Alemanha* – foi decidido pelo Tribunal Europeu de Direitos Humanos, no sentido da inexistência de qualquer óbice à legislação alemã a este respeito, bem como pela idoneidade da condenação criminal discutida no caso.

[61] MAURACH, Reinhart. *Derecho penal*. Parte general. Buenos Aires: Astrea, 1994, p. 212.

[62] COPPETTI, André. *Direito penal e Estado Democrático de Direito*. Porto Alegre: Livraria do Advogado, 2000, p. 90.

[63] PALAZZO, Francesco. *Corso di Diritto Penale*, 3. ed. Torino: G.Giappichelli Editore, 2008, p. 70. Em sentido contrário, Cf. BARATTA, Alessandro. Funções instrumentais e simbólicas do direito penal. Lineamentos de uma teoria do bem jurídico. In: *Revista Brasileira de Ciências Criminais*, São Paulo, ano 2, n. 5, jan./mar. 1994.

Fiquemos, apenas, pelo *muito*. A justificação da eleição de um bem como merecedor de tutela penal deve advir de parâmetros externos, evitando-se que a atenção a aspectos de ordem meramente formal possa fazê-lo. Isso, de um lado, revelará campos nos quais não se afigurará legítima a ocorrência de proteção penal, a qual, então, se presente, se mostrará excessiva e, assim, descompassada com a ordem constitucional; porém, de outra parte, criará órbita da qual se não pode furtar a incidência penal, mormente nos pontos de contato entre essa e os direitos fundamentais.

Mas, é hora de perguntar: os direitos são, em si, bens jurídicos?

É conhecida na história da dogmática penal a contenda estabelecida por Birnbaum a respeito do ponto de vista de Feuerbach.[64] Embora pretendesse abordar lei do ano de 1831[65] – sua obra data de 1834 –, a propósito de crime contra a honra, Birnbaum desenvolve a categoria de *bem*, com capacidade de rendimento para todo o Direito Penal, da qual, o tempo dirá, alcançar-se-á a elaboração de *bem jurídico*.

De todo modo, ao assinalar que o crime consistiria na lesão de um *bem*, e não na lesão de um *direito*,[66] a sua formulação institui como que um projeto de limitação na elaboração legislativa de tipos incriminadores, que, todavia, ainda haveria de demorar um pouco para se efetivar,[67] seja em razão da prevalência de um positivismo normativista, posterior à formulação de Birnbaum, e no qual o Direito Penal se encerrou sobre si num espaço hermético, à mercê da onipotência legislativa, seja pelo ulterior advento do período nazista e de seus nefastos corolários também para a dogmática do bem jurídico, em termos de justificação e fundamento da atuação penal do Estado.

---

[64] BIRNBAUM, Johann Michael Franz. *Sobre la necesidad de una lesión de derechos para el concepto de delito*. Tradução de José Luis Guzmán Dalbora. Buenos Aires: Editorial B de F, 2010, p. 35.

[65] BIRNBAUM, op. cit., p. 36.

[66] Idem, p. 57. Assim, ademais de sua recusa a um pretenso *direito estatal à obediência*, assinalava que "forma parte del poder del estado garantizar parejamente el disfrute de ciertos bienes a todos los hombres que viven en él, bienes dados a éstos por la naturaleza o que son el resultado de su desarrollo social y de la asociación civil". Isto é, já com uma abertura para a admissão de que, em certos casos, crimes haverá pela afetação da coletividade, sem prejuízo, é claro, de não coadunarmos com sua perspectiva a respeito das denominadas ações imorais e *irreligiosas*. A este respeito, Cf. SILVA DIAS, Augusto. *«Delicta in Se» e «Delicta Mere Prohibita»*: uma análise das descontinuidades do ilícito penal moderno à luz da reconstrução de uma distinção clássica. Coimbra: Coimbra Editora, 2008, p. 123, mormente a nota 290; ainda neste ponto, Cf. SCHÜNEMANN, Bernd. *El derecho penal es la ultima ratio para la protección de bienes jurídicos! Sobre los límites inviolables del derecho penal en un estado liberal de derecho*. Tradução de Ángela de la Torre Benítez. Bogotá: Universidad Externado de Colombia, 2007, p. 15.

[67] No ponto, dadas as limitações deste trabalho, remetemo-nos ao estudo preliminar à obra de BIRNBAUM, realizado por José Luis Guzmán Dalbora, o qual está presente em: BIRNBAUM, Johann Michael Franz. *Sobre la necesidad de una lesión de derechos para el concepto de delito*. Tradução de José Luis Guzmán Dalbora. Buenos Aires: Editorial B de F, 2010, p. 07-33.

Assim, a vinculação do legislador com uma perspectiva de proteção de *bem* não encontrava ainda qualquer tipo de controle. Numa época, ademais, em que o poder político se assentava sob outras premissas, em que a ideia de constitucionalismo e mormente de Tribunais Constitucionais era ainda indiscutida, isto parece quase uma evidência. Mas, como assinala Schünemann, se projetamos a mesma reflexão ao Estado constitucional da atualidade, a ausência de uma conformação da atividade parlamentar de que se cogitava resolver-se-á pela "vinculación constitucional con *coercibilidad* por el Tribunal Constitucional".[68]

Isto para dizer que, se deveras há razão na asserção de Silva Dias, sobre ser limitada a relação entre os direitos fundamentais e os bens jurídicos, nem no âmbito da limitação que preconiza estar-se-á a dizer pouco. Com efeito, segundo o autor (a) os direitos conferem faculdades de agir e funcionam como instrumento ativo das relações sociais, ao passo que os bens jurídicos cumprem uma função mais passiva, assinalando as condições que a comunidade considera essenciais para a realização individual e coletiva dos cidadãos, a ensejar (b) tenham os direitos uma pretensão processual exequível, o que não se verificaria para os bens jurídicos.[69] Ocorre, porém, e isto nos leva a não estarmos tão certos quanto à distinção, que é mesmo Silva Dias quem, anteriormente, aludira, em sua abordagem sobre os direitos fundamentais, que num certo sentido "todos os direitos são direitos de defesa e direitos a prestação, sendo apenas distinto o peso de cada uma das características ao nível do conteúdo de cada direito ou grupo de direitos".[70]

Ora, se se reconhece mesmo aos direitos de liberdade um conteúdo tendente à defesa contra a interferência de terceiros, não se estará a assimilar a necessidade de que essa defesa se faça por via de prestações estatais? Não ficaria, aí, minimizada a diferença, sob este ponto de vista, que se procurou estabelecer com os direitos sociais? Não seriam essas prestações para a efetividade da *defesa contra a interferência de terceiros* dotadas de uma *pretensão processual exequível*?

---

[68] SCHÜNEMANN, Bernd. *El derecho penal es la ultima ratio para la protección de bienes jurídicos! Sobre los límites inviolables del derecho penal en un estado liberal de derecho.* Tradução de Ángela de la Torre Benítez. Bogotá: Universidad Externado de Colombia, 2007, p. 16-7. Neste exato sentido, ademais, Cf. SCHÜNEMANN, Bernd. El principio de protección de bienes jurídicos como punto de fuga de los límites constitucionales de los tipos penales y de su interpretación. In: La *Teoría del bien jurídico*: fundamento de legitimación del Derecho penal o juego de abalorios dogmático? Roland Hefendehl (ed.). Madrid: Marcial Pons, 2007, p. 207-8.

[69] SILVA DIAS, Augusto. *«Delicta in Se» e «Delicta Mere Prohibita»*: uma análise das descontinuidades do ilícito penal moderno à luz da reconstrução de uma distinção clássica. Coimbra: Coimbra Editora, 2008, p. 641-2.

[70] Idem, p. 638, nota 1389.

O BEM JURÍDICO-PENAL

Com efeito, no que há de ser uma relação circular – *circularidade hermenêutica?* –, a um só tempo serão os direitos fundamentais a justificação e os limites, o fundamento e o corte, da elaboração legislativa que, já num outro nível, vai traduzi-los em bens jurídicos penais.

Isto, em outras palavras, quer significar que a idoneidade com que se haja de atuar na elaboração de um tipo penal estará simultaneamente na circunstância de se encontrar, na Constituição, o fundamento para a proteção do bem jurídico de que se cuide, o qual, além disso, deve ser reconduzível à ordem axiológica constitucional, para que seja legítimo. Não deixará de ser, portanto, hermenêutica a atividade do intérprete da lei penal.

Como já dissemos noutra ocasião,[71] a interpretação significa o desenvolvimento das possibilidades projetadas no compreender; quer dizer, o compreender, na interpretação, desenrola-se de tal maneira que chega a ser si mesmo e, assim, apropria-se do compreendido por ele porque algo é primeiramente compreendido e interpretado depois. Deste modo, a interpretação tem sempre, como antecedente, a compreensão de uma totalidade já compreendida, isto é, uma *posição prévia*, que é guiada a partir de uma *visão prévia*, a qual estabelece uma *concepção prévia*. Tais compostos constituem a pré-compreensão, o fundamento da interpretação de *algo enquanto algo*.[72]

De maneira que em todo compreender está compreendida também a existência, na forma do círculo hermenêutico.[73] Claro, se a interpretação já sempre se movimenta no já compreendido e dele se deve alimentar, como poderá produzir resultados sem se mover num círculo, sobretudo se a compreensão pressuposta se articula no conhecimento comum de homem e mundo?[74] Portanto, é decisivo *entrar* no

---

[71] FACCINI NETO, Orlando. *Elementos de uma teoria da decisão judicial*: Constituição, Hermenêutica e Respostas Corretas em Direito. Porto Alegre: Livraria do Advogado, 2011, p. 41-5.

[72] Portanto, a interpretação só é possível sobre a base de uma *pré-compreensão*, que projeta, na compreensão, um todo de significatividade. Assim, a interpretação nunca é apreensão de um dado preliminar, isenta de pressuposições. Como diz Heidegger: "Se a concreção da interpretação, no sentido da interpretação textual exata, se compraz em se basear nisso que ´está´ no texto, aquilo que, de imediato, apresenta como estando no texto nada mais é do que a opinião prévia, indiscutida e supostamente evidente, do intérprete". HEIDEGGER, Martin. *Ser e Tempo*. Tradução de Marcia de Sá Cavalcante Schuback. Rio de Janeiro: Vozes, 2006, p. 211. Assim, a coisa que vem a nosso encontro abre-se primeiro "numa ´totalidade de situação´; apreendemo-la e compreendemo-la originalmente em um contexto de sentido, numa totalidade de significação. Isto, porém, quer dizer que toda compreensão se baseia num ´olhar´ anterior, numa ´antecipação projetora´, isto é, no projeto de uma totalidade de sentido, dentro da qual o particular se revela primeiramente em seu sentido". EMERICH CORETH, S. J. *Questões fundamentais de hermenêutica*. São Paulo: EDUSP, 1973, p. 84.

[73] GADAMER, Hans-Georg. *Wahrheit und Methode. Grundzüge einer philosophischen Hermeneutik*. Tübingen: Mohr, 1960, p. 250-261.

[74] HEIDEGGER, op. cit., p. 214.

círculo de modo adequado, porque nele se esconde a possibilidade positiva do conhecimento mais originário que, decerto, só pode ser apreendida de modo autêntico se a interpretação tiver compreendido que sua primeira, única e última tarefa é de não se deixar guiar, na posição prévia, visão prévia e concepção prévia, por conceitos populares e inspirações.[75]

Sucede que, como resultado de se abordar o tema concernente aos pontos de contato entre a Constituição, notadamente os direitos fundamentais, e os bens jurídicos penais, tem-se alcançado, como dissemos, em geral a tese da limitação da incidência penal apenas. A compreensão constitucional, neste sentido, não se realiza por completo, porquanto muitas vezes há uma recusa em, com *olhos de ver*, empreender-se uma leitura dos dispositivos da Constituição que se não reduza a deles extrair meramente comandos tendentes à contenção da atividade estatal. São, decerto, menos frequentes os estudos que, avançando na análise, reconhecem a segunda face decorrente do argumento, que é a da necessidade da tutela penal, em virtude da importância de certos direitos. Numa palavra, a semi-circularidade, aqui, compromete o sucesso de uma hermenêutica penal constitucionalmente adequada.

Veja-se, por exemplo, que Prado reflete que o legislador deve sempre ter em conta as diretrizes contidas na Constituição e os valores nela consagrados, para "definir os bens jurídicos, em razão do caráter limitativo da tutela penal",[76] no que acaba por deixar de lado a *outra face da moeda*. Na mesma trilha, acentua Lopes[77] que se deve buscar na Constituição os fundamentos de validade e limites de intervenção do

---

[75] HEIDEGGER, op. cit., p. 215. Nas palavras de Gregorio: "il problema del circolo ermeneutico si chiarisce come problema filosofico fondamentale, ma non più come problema epistemologico, bensì come fenomeno ontológico". GREGORIO, Giuliana. *Linguaggio e interpretazione: su Gadamer e Heidegger*. Rubbettino: Rubbettino Editore, 2006, p. 19. Sobre o tema, ademais, mas com particularidades que para o efeito deste texto não convém abordar, Cf. MÜLLER, Friedrich. *O novo paradigma do Direito: introdução à teoria e à metódica estruturantes*. 2. ed. Tradução de Ana Paula Barbosa-Fohrmann e outros. São Paulo: revista dos Tribunais, 2009, p. 77-87.

[76] PRADO, Luis Regis. *Bem jurídico penal e constituição*. 3. ed. São Paulo: Revista dos Tribunais, 2003, p. 92.

[77] LOPES, Mauricio Antonio Ribeiro. *Critérios constitucionais de determinação dos bens jurídicos penalmente relevantes*. 1999. Tese (Livre Docência em Direito Penal) – Faculdade de Direito da Universidade de São Paulo, São Paulo, 1999, p. 394. O mesmo LOPES, entretanto, noutra obra, embora reafirme que "a Constituição atua, concretamente, como um redutor do Direito Penal", não olvida que, numa outra perspectiva, o Direito Penal funda-se na Constituição, no sentido de que as normas que o constituem, ou são elas próprias normas formalmente constitucionais, ou são autorizadas ou delegadas por outras normas constitucionais. Diz o autor que a Constituição não contém normas penais completas, isto é, não prevê condutas nem as censura por meio de penas, mas possui disposições de Direito Penal que determinam em parte o conteúdo das normas penais. LOPES, Mauricio Antonio Ribeiro. *Direito Penal, Estado e Constituição*. São Paulo: Instituto Brasileiro de Ciências Criminais, 1997, p. 115.

Direito Penal, na medida em que é esta que exprime o tipo de Estado e seus fins e, consequentemente, limita também os fins da tutela penal.

Como ressaltado, estar-se-ia a aduzir que a fundamentação constitucional do Direito Penal traz como corolário relevante, somente, os limites da intervenção, ou seja, não se reconhecem na Carta, com a pretensão de salvaguarda e proteção de bens jurídicos, determinações de tutela penal em alguns casos.

Com isto, entretanto, remanesce em aberto a fundamentação do processo de incriminação, que encontraria no bem jurídico apenas a função de *crítica* do sistema.

Não a recusamos, por certo. Mas não há de ser írrito cogitar-se que a ausência de densificação dos bens jurídicos dê o seu contributo para os próprios riscos que se impõem ao Direito Penal quando já se alude (a) à possibilidade de sua esconjuração, ou (b) de uma legitimação para além do Direito – dir-se-ia metafísica –, ou, ainda, (c) à pura discricionariedade legislativa, como se a eventualidade das maiorias parlamentares estivesse habilitada a definir só por si o que é digno de proteção penal ou não.

A tentativa de superar essas dificuldades é o que se fará adiante.

3.2. Uma tentativa de legitimação constitucional da teoria do bem jurídico

Não causaria maior polêmica afirmar, com Böse, que ao conceito de bem jurídico se estabelece uma função limitadora do Direito Penal e crítica do sistema.[78] Mas isso não significa que as normas penais incriminadoras estejam sempre sob o crivo de uma espécie de *concordância prática*, tendente à verificação de sua constitucionalidade.

Explica-se: é que sob uma premissa em certo sentido verdadeira, de que o Direito Penal consiste na forma mais intensa de limitação da liberdade dos indivíduos, Böse extrai uma falsa conclusão, que é a de que todo tipo penal, toda norma incriminadora, supõe "una injerencia en la libertad del destinatario de la norma de comportarse de manera

---

[78] BÖSE, Martin. Derechos fundamentales y derecho penal como "derecho coactivo". In: *La Teoria del bien juridico: fundamento de legitimación del Derecho penal o juego de abalorios dogmático?*. Roland Hefendehl (ed.). Madrid: Marcial Pons, 2007, p. 137. A respeito da teoria do bem jurídico como instância crítica, vale dizer, como legitimação negativa do processo de criminalização, Cf. PULITANÒ, Domenico. Obblighi costituzionali di tutela penale? In: *Rivista Italiana di Diritto e procedura penale*, ano XXVI, fascículo 2, aprile-giugno, 1983. Milano: Dott. A. Giuffrè, 1983, p. 495.

distinta".[79] Como se fosse concebível que, digamos sem mais, a incriminação do homicídio representasse uma limitação a uma suposta liberdade precedente, que englobasse em si a *possibilidade de matar*.

Trata-se, cremos, de situação diversa. Pois em seu nascedouro o direito de liberdade, deste exemplo, jamais ostentou tal âmbito, jamais possuiu essa envergadura, e, deste modo, não se trata de um recorte ao direito dado, que se legitimaria por um discurso argumentativo no nível da concordância prática ou da *ponderação*, que se haveria de realizar por intermédio do princípio da proporcionalidade.

Desde sempre, quando menos porque há disposição constitucional em favor da vida, já se afigurava um *limite imanente* à liberdade, que a alheava da possibilidade de sua violação.[80] Por isso a validade de procurar-se, com o auxílio da teoria constitucional, um reforço material à dogmática do bem jurídico, que, portanto, se não reduza ao plano discursivo.

Uma referencialidade, digamos assim, mais direta, e que evite, como corolário, que se parta, em rigor, sempre de um ponto de dúvida sobre a atuação legislativa no estabelecimento dos tipos penais, como a dizer-se, insistimos, que na análise da incriminação de uma violação sexual, por exemplo, deva-se cotejar, pelo *ponto de partida da proporcionalidade*, se a redução no suposto *campo de liberdade* das pessoas de violarem sexualmente outras, a incriminação era necessária, adequada e proporcional em sentido estrito.

Como supomos, uma liberdade com tal extensão simplesmente nunca existiu.

Não deixa, contudo, de ser surpreendente que a dogmática penal ainda se mostre refratária a um diálogo constitucional mais intenso. É mesmo Hassemer quem dirá que a conexão entre a dogmática penal e a Constituição é, além de plausível, óbvia neste momento, não obstante o autor reconheça ser uma perspectiva nova para os penalistas.[81]

O aprisionamento do conceito de bem jurídico numa concepção política do passado, que desconsidera as novas funções estatais desde

---

[79] BÖSE, op. cit, p. 138.

[80] Assim colocamos nosso desacordo com concepções como a de Prieto Sanchís, que pretendem sustentar a insuficiência do discurso jurídico para a fundamentação do bem jurídico, em ordem a assinalar-se à teoria do bem jurídico apenas "criterios negativos de deslegitimación que muestren la carência de justificación de una determinada intervención penal". PRIETO SANCHÍS, Luis. *Justicia Constitucional y derechos fundamentales*. Madrid: Editorial Trotta, 2003, p. 272-3.

[81] HASSEMER, Winfried. Puede haber delictos que no afecten a un bien jurídico penal? In: *La Teoría del bien jurídico*: fundamento de legitimación del Derecho penal o juego de abalorios dogmático? Roland Hefendehl (ed.). Madrid: Marcial Pons, 2007, p. 96.

um renovado plano constitucional, haverá de ter contribuído para sua fragilização.

De maneira que, quando a própria ideia de bem jurídico é colocada em discussão, para o efeito de legitimação da atuação penal do Estado, o penalista deve ultrapassar os limites de sua ciência e reconhecer, humildemente, que a legitimação interna da intervenção penal não fez impedir tipos de incriminação que no tempo presente são motivo de inultrapassável reserva, quando não de vergonha e que, de outro modo, a abertura de um viés para além do jurídico não evitou que a própria manutenção da categoria do bem jurídico fosse colocada em xeque.

Reconhecer a necessidade de uma legitimação constitucional dos bens jurídicos penais guarda, com essa perspectiva, uma precedente ideia, que é a de manter hígido e subsistente o conceito de bem jurídico,[82] sobre cuja proteção tratará a atuação penal do Estado. Certo que não se cuida de supor algo como uma fonte exclusiva de produção do Direito Penal, qual seja, a Constituição. Sabemos, com efeito, que "l´ipotesi dell´unicità della fonte è contraria (...) al concetto medesimo del diritto".[83] Nem isso, contudo, exclui o alvitre de que tanto a limitação da intervenção penal, como a legitimação da necessidade dessa mesma intervenção há de fazer-se sob o ponto de vista constitucional.

De certo modo é o que defende Hassemer, quando assinala que a admissão de um bem jurídico carente de proteção é o fundamento de que decorre esse mesmo dever de proteção, em ordem, inclusive, a revelar obrigações para o legislador, a cuja falta estaria ligada uma violação à proibição de insuficiência.[84]

---

[82] Neste sentido, parece acertado o entendimento do Tribunal Constitucional português, no acórdão 179/12, julgado em abril de 2012, que, em controle preventivo, decidiu pela inconstitucionalidade da incriminação do denominado *enriquecimento ilícito*; em seu voto, o Conselheiro José da Cunha Barbosa afirmou que "um bem com dignidade jurídico-penal é necessariamente uma concretização dos valores constitucionais", tudo em ordem a revelar que, na pretensão de incriminação sob análise, em verdade, não era possível divisar com clareza um bem jurídico penal ao qual se estivesse destinando proteção. E isso afetaria a idoneidade do tipo penal. Que o tema assuma maior envergadura na quadra atual, em que o Projeto de Reforma do Código Penal brasileiro pretende instituir, em seu artigo 277, incriminação semelhante à refutada pela Corte Constitucional portuguesa, parece uma evidência.

[83] ROSSI, Paolo. *Lineamenti di Diritto Penale Costituzionale*. Palermo: G. Priulla Editore, 1953, p. 7.

[84] HASSEMER, IDEM, p. 103. Mesmo reconhecendo que tal ideia não pertence à tradição clássica de bem jurídico, visto irradiar uma mensagem positiva ao legislador, pretende HASSEMER firmar posição no sentido de que "no se puede construir una prohibicón de defecto sin la idea de bien jurídico". Ibidem, p. 102. Com isto estamos de acordo, sem, contudo, que concebamos essa *ideia de bem jurídico* da mesma maneira que o autor alemão. Especificamente sobre a proibição de insuficiência, de nossa autoria, Cf. A proibição de insuficiência penal: o exemplo privilegiado

Numa síntese preliminar, poder-se-ia dizer, assim, que o bem jurídico passa a orbitar no âmbito da Constituição.[85] É, decerto, uma nova estrada a ser percorrida, a ensejar, naturalmente, a formulação de novas indagações.

De um lado, para o legislador, no sentido de compreender-se se apenas os fatos ofensivos a valores prescritos na Constituição podem ser elevados à condição de crime;[86] de outra parte, para o intérprete das normas penais, aos quais se estabelece "l´obbligo di adattarle alla Costituzione in via ermeneutica, rendendole applicabili solo ai fatti concretamente offensivi in misura apprezzabilie".[87][88]

Cumpre verificar se essa postulação possui alguma capacidade de rendimento. O que equivaleria indagar se metodologicamente extrai-se algum sentido em deslocar-se ao plano constitucional a verificação de legitimidade da intervenção penal.[89]

Quando Bricola afirma, categoricamente, que "l´illecito penale può concretarsi esclusivamente in una *significativa* lesione di un valore costituzionalemente rilevante",[90] desde logo tem-se demarcado um escopo tendente à descriminalização de condutas, num relevante aceno em favor de limitação do Direito Penal, cujas normas não serão, em si, capazes de criar interesses dignos de tutela, senão que podem

---

dos crimes financeiros. In: *Revista da Procuradoria-Geral do Banco Central*, v. 5, n. 1, junho de 2011. Brasília: Banco Central do Brasil, 2011, p. 205-228.

[85] FERNÁNDEZ, Gonzalo D. *Bien jurídico y sistema del delito*. Montevideo-Buenos Aires: B de F Editorial, 2004, p. 47. No mesmo sentido, Cf. HORMAZÁBAL MALARÉE, Hernán. *Bien jurídico y Estado social y democrático de derecho*: el objeto protegido por la norma penal. 2. ed. Santiago do Chile: Conosur Editorial Jurídica, 1992, p. 93.

[86] STELLA, Frederico. La teoría del bene giuridico e i c.d. fatti inoffensivi conforme al tipo. In: *Rivista Italiana di diritto e procedura penale*. Nuova série, ano XVI. Milano: Dott. A. Giuffrè Editore, 1973, p. 36.

[87] STELLA, IDEM, op. loc. cit.

[88] Diríamos mais, apenas para consignar a intenção de uma elaboração futura, que um reexame da teoria do crime e das questões de fundo do Direito Penal, sob o enfoque constitucional, é algo que se nos afigura instigante; não apenas, portanto, as indagações concernentes à tipificação e às penas, mas um tratamento da ilicitude, das causas de justificação e mesmo da culpabilidade, com tal ponto de vista, haverão de merecer, e merecem por parte da doutrina, maior reflexão. A alusão de tal requerimento teórico, aliás, já foi feita por Siniscalco, na década de sessenta. SINISCALCO, Marco. *Giustizia penale e Costituzione*. Torino: Edizione RAI, 1968, p. 19.

[89] Não será demasiado dizer que a rigidez constitucional, apanágio das Constituições atuais, particularmente do pós-guerra, se afigura uma premissa para este efeito, pela evidente razão de em não o sendo, restar intocada e ampla uma discricionariedade sem freios para o legislador ordinário. Neste sentido, Cf. MIRANDA, Jorge. *Contributo para uma teoria da inconstitucionalidade*. Coimbra: Coimbra, 1996, p. 37.

[90] BRICOLA, Franco. *Teoria generale del reato*. Estratto dal Nuovissimo Digesto Italiano. Torino: Editirice Torinese, 1974, p. 15-6.

"solo ritagliare e specificare senza snaturali i valori già previsti dalla Costituzione".[91]

Anote-se que aludir-se à relevância constitucional não significa, entretanto, apenas um contraste frontal, pois devem ser compreendidos "non solo i diritti del singolo costituzionalmente garantiti, ma anche quei valori che sono obiettivamente tutelati",[92] além do que não se pode olvidar a necessária incriminação de fatos periféricos, os quais, se bem não lesionem direitos constitucionalmente consagrados, mostram-se idôneos a ensejar-lhes perigo de violação; dessa assertiva é exemplo a segurança do tráfego viário, como projeção da proteção do direito à vida e da integridade das pessoas. Diríamos nós que, em tais casos, tanto mais distante da efetiva lesão, maior o *ônus argumentativo do legislador*, que, a partir de prognoses válidas, há de revelar a adequação da incriminação.

Ademais, parece que, de uma tal perspectiva, extrair-se-ia importante critério de interpretação, pelo qual não será idônea a incidência penal no relativo a fatos que, mesmo dotados de aparente tipicidade, configurem-se como *exercício de direitos fundamentais*.[93]

Também se erige, já aqui com menos consenso doutrinário, parâmetro de controle da atuação legislativa, que, igualmente sem prognose adequada, propenda a um retrocesso na proteção dada, pela via penal, a determinado direito constitucionalmente consagrado. Isto convém explicar melhor, servindo a referência de Bricola, para quem tal despenalização, de crime lesivo a valor de relevância constitucio-

---

[91] BRICOLA, op. cit., p. 17. Neste sentido ainda, dando conta de um caráter dúplice de caracterização do bem jurídico, que, de uma parte, preexista à avaliação do legislador ordinário, mas que, por outro lado, seja decorrente de valores constitucionais, dotados de vinculatividade, Cf. FIANDACA, Giovanni; MUSCO, Enzo. *Diritto Penale*, parte generale. 4. ed. Bologna: Zanichelli Editore, 2001, p. 12.

[92] BRICOLA, op. cit., p. 16. Sobre a relação desta concepção com a previsão do artigo 27, 3, da Constituição Italiana, a propósito da finalidade da pena criminal, Cf. NEPPI MODONA, Guido. Il sistema sanzionatorio: considerazioni in margine ad un recente schema di riforma. In: *Rivista Italiana di Diritto e Procedura Penale*. Nuova Serie, anno XXXVIII, abril-junho de 1995. Milano: Dott A. Giuffrè Editore, 1995, p. 319-320.

[93] Fiquemos com dois exemplos de decisões do Supremo Tribunal Federal brasileiro, que, com esse ponto de vista, houve de: (a) afastar o caráter potencialmente obsceno de gestos grosseiros de um conhecido diretor de teatro, que, sob as vaias do público, mostrou-lhes, sem mais, partes púdicas de seu corpo, a ensejar que, no Habeas Corpus 83.996-7, o voto condutor do Ministro Gilmar Mendes assinalasse, não obstante a deselegância da prática, não se configurar o crime do artigo 233 do Código Penal em virtude de a ação praticada estar abrangida no âmbito da liberdade de expressão, mormente porque sinalizava uma forma de protesto às vaias recebidas; (b) estabelecer, no julgamento da Arguição de Descumprimento de Preceito Fundamental 187, interpretação conforme à Constituição para o artigo 287 do Código Penal, que prevê a apologia à prática de crimes, no sentido de indicar que as marchas e reuniões populares, com fins de defesa da liberação do uso de maconha, não revelariam tal crime, porque situadas na esfera dos direitos constitucionais da liberdade de reunião e da livre manifestação do pensamento.

nal, pode justificar "un´eccezione di illegittimità costituzionale",[94] sobretudo quando revelada disparidade de tratamento quanto a outros fatos lesivos, cuja incriminação se mantivesse hígida.

Isto, contudo, ainda se situaria num quadro de fornecimento de critério não desconhecido da jurisprudência.[95] E que não resolveria a indagação sobre se, da legitimação constitucional dos bens jurídicos, poder-se-ia cogitar de uma espécie de determinação de atuação parlamentar.

Aqui, para que não sejamos acusados de ingenuidade, que não a temos, é necessário distinguir que o plano teórico não se equivale, *hic et nunc*, ao quadro normativo; em outros termos, vai feito o destaque de que é notória a diversa conformação constitucional adotada pelas diversas nações na atualidade, de maneira que considerações feitas em nível de doutrina não podem pretender seja possível um tipo de *teoria constitucional geral*, para todo caso aplicável.[96]

Isto posto, há casos em que a Constituição "si spinge ad indicare expressamente l´obbligo per il legislatore di tutelare penalmente determinati bene giuridici",[97] o que se poderia qualificar como mandados ou cláusulas de criminalização, por intermédio das quais se impõe ao legislador ordinário a tipificação de condutas.

Em tais hipóteses, segundo Palazzo, assim se ofereceria a imagem de um Estado empenhado e ativo, inclusive penalmente, na prossecução de maior número de metas propiciadoras de transformação

---

[94] BRICOLA, op. cit., p. 20, particularmente nota 4. Neste sentido, ainda, Cf. DOLCINI, Emilio; MARINUCCI, Giorgio. Constituição e escolha dos bens jurídicos. *Revista Portuguesa de Ciência Criminal*, ano 4, fascículo 1, jan./Mar. 1994, p. 177-8. Segundo os autores, por exemplo, fosse despenalizada a norma do Código Penal Italiano que incrimina o abuso de autoridade contra presos ou detidos (artigo 608), poderia ser denunciada, por desconformidade com a expressa obrigação constitucional de incriminação – artigo 13.4 da Constituição Italiana –, a inconstitucionalidade da norma despenalizadora. A sua consequente declaração de inconstitucionalidade arrastaria também o efeito ab-rogativo da precedente norma incriminadora, fazendo *reviver* a disposição ilegitimamente revogada.

[95] O emblemático caso do aborto, decidido pelo Tribunal Constitucional Alemão, é exemplo eloquente e sobre este assunto retornaremos ao final do texto.

[96] Tanto que mesmo BRICOLA acentua que, por exemplo, a Constituição Alemã não dedica ao Direito Penal a mesma ênfase que a Italiana. BRICOLA, op. cit., p. 22. E nós diríamos, também, que, por exemplo, entre a Constituição brasileira e a portuguesa há, igualmente, significativas diferenças neste aspecto.

[97] PALAZZO, Francesco. *Corso di Diritto Penale*. Terza Edizione. Torino: G. Giappichelli Editore, 2008, p. 72. Neste sentido, Zaffaroni aduz que "la legislación penal no crea bienes jurídicos, sino que éstos son creados por la Constituición, el derecho internacional y el resto de la legislación". Assim, o direito penal receberia o bem jurídico a partir de ordens de "criminalización primaria de algunas acciones que los afectan, pero aunque no lo hiciesen, no por ello dejarían de ser bienes jurídicos". ZAFFARONI, Eugenio Raul. *Derecho Penal*: parte general. 2. ed. Buenos Aires: Ediar, 2002, p. 486

O BEM JURÍDICO-PENAL

social e da tutela de interesses de dimensão coletiva, exaltando, continuadamente, o papel instrumental do direito penal com respeito à política criminal, sob os auspícios, por assim dizer, da Constituição.[98]

Num quadro constitucional como o brasileiro, a referência às cláusulas de criminalização parece menos problemática, não obstante a recusa doutrinária a este respeito. É que, tais cláusulas, previu-as expressamente o constituinte, e, assim, as incumbências legislativas se afiguram mais evidentes.

Em Portugal, pelo contrário, é bem menos clara a determinação expressa tendente à tipificação de condutas,[99] mas nem isso está em impedir que, modo implícito, busque-se no arcabouço constitucional relativo aos direitos fundamentais a existência de deveres de proteção que podem ensejar a necessidade de tutela pelo Direito Penal.

De um modo ou de outro estar-se-á, todavia, a vincar-se em termos constitucionais a legitimação da atuação penal do Estado, a partir da dogmática dos bens jurídicos. E isto já não é pouco.

O certo, neste contexto, é que são diversos os modelos por que se pode caracterizar a relação entre a Constituição e o sistema penal, a depender de condições históricas e políticas dos vários ordenamentos. Traçar uma perspectiva geral, deste modo, é sempre muito arriscado.

Alguns casos, com efeito, podem indicar uma relação de compenetração, de tal modo que o sistema de crimes e de penas venha a ser a materialização penalista da ordem constitucional, num quadro, portanto, de substancial unidade ou de monismo sistemático entre Constituição e Direito Penal.

Pode existir ainda uma relação antagônica, de contraposição, na medida em que – por vicissitudes peculiares da história política e institucional do Estado – venham a coexistir uma ordem constitucional

---

[98] PALAZZO, Francesco. *Valores constitucionais e direito penal*. Porto Alegre: Sergio Antonio Fabris, 1989, p. 103. Neste aspecto, para ficar apenas na doutrina italiana, estão em desacordo com a ideia de uma tal determinação ao legislador tanto FIANDACA, que assinala para "il riferimento alla rilevanza costituzionale (...) soltanto un criterio di legittimazione negativa dell'intervento punitivo" – Cf. FIANDACA, Giovanni; MUSCO, Enzo. *Diritto Penale*, parte generale. 4. ed. Bologna: Zanichelli Editore, 2001, p. 15 e ainda FIANDACA, Giovanni. Il «bene giuridico» come problema teórico e come criterio di política criminale. In: *Diritto Penale in trasformazione*. A cura di G. Marinucci e E. Dolcini. Milano: Dott. A. Giuffrè Editore, 1985, p. 169 –, como BRICOLA, para o qual, igualmente, o vínculo ao legislador mostrar-se-ia apenas negativo, de modo que "in presenza di un fatto dotato di tale forza lesiva, potrebbe igualmente far ricorso a modelli sanzionatori extrapenali". BRICOLA, op. cit., p. 18.

[99] Se bem que a haja, como se extrai do artigo 117, n. 3 da Constituição Portuguesa, o que veremos melhor adiante.

e um sistema penal como expressão de diferentes valores.[100] Como se sabe, é este o caso particular da Itália, pois o código de 1930, expressão muito significativa do regime fascista, convive, desde muito, com a Constituição de 1947/8, que sucedeu à queda da ditadura, ao fim da segunda grande guerra.

Nem precisaríamos dizer que a reformulação do sistema penal, à conta do advento de uma nova ordem constitucional, sobretudo quando esta decorre de movimentos de revigoramento democrático, parece sempre o ideal, a exemplo do que sucedeu no caso espanhol, em que o Código de 1995, ainda que com alterações posteriores, pretendeu, precisamente, concretizar a ordem de valores afirmada após a queda da ditadura franquista com a Constituição de 1978.[101]

Nos casos em isto não ocorre, ou seja, em situações de coexistência da legislação penal pretérita com uma revigorada ordem constitucional, e, consequentemente, com uma alteração das bases de legitimação do Direito Penal, impõe-se à doutrina penal um papel de relevada significação. A releitura de certos institutos, a adequação de preceitos e a atualização dogmática não escondem, entretanto, a debilidade legislativa, quando essa não se mostra à altura da tarefa de empreender uma substancial alteração do sistema penal, em atendimento ao surgimento de uma Constituição renovada.

Colocando-se o argumento de outro modo, pretende-se indicar que nos países em que a legislação penal não se fez atualizar, depois do advento de uma nova ordem constitucional, tanto os tribunais,[102] como a doutrina,[103] passam a desenvolver uma, digamos assim, mais incisiva atividade de controle de adequação constitucional sobre a legislação penal ordinária.

Não é sem razão, neste sentido, a asserção de Donini, ao indicar que o Código Penal Italiano ter-se-ia alterado profundamente enquanto *Direito Penal in action*, fundamentalmente em razão do papel

---

[100] PALAZZO, Francesco. Direito Penal e Constituição na experiência italiana. In: *Revista Portuguesa de Ciência Criminal*, ano 09, Fascículo 1, Janeiro-Março de 1999. Coimbra Editora: 1999, p. 32.

[101] Também em Portugal poucos anos separam a Constituição de 1976 e o Código Penal de 1982.

[102] Sobre importantes decisões da Corte Constitucional Italiana, concernentes às duas primeiras décadas de vigência da Constituição daquele país, Cf. SINISCALCO, Marco. *Giustizia penale e Costituzione*. Torino: Edizione RAI, 1968, p. 13-8.

[103] Daí a asserção de DONINI, no sentido de que na Itália "il prolungarsi dei ritardi nelle riforme ha imposto il sucesso del´approcio costituzionalistico in misura probabilmente più vasta e profonda di quanto ciò non sia accaduto in altri Paesi". DONINI, Massimo. Seletività e paradigni della teoria del reato. In: *Rivista Italiana di Diritto e Procedura Penale*. Nuova serie, anno XL, abril-junho de 1997. Milano: Dott A. Giuffrè Editore, 1997, p. 347.

da doutrina, da jurisprudência e da Corte Constitucional, ainda que muito de sua estrutura mantenha-se inalterada em termos legislativos.[104] Também Palazzo refere que o Tribunal Constitucional italiano tem potencializado cada vez mais sua atuação, já não apenas de contenção ou *negativa*, mas também num sentido *manipulador* da lei. Claro que, segundo refere, em Direito Penal essa atuação esbarrará sempre num limite difícil de ser superado, que diz respeito ao princípio da legalidade, porquanto se impede que o tribunal atue sobre aqueles vícios de constitucionalidade consistentes em lacunas de tutela penal, nos casos em que a proteção de certos bens ou interesses se apresentem como uma emanação da ordem constitucional não realizada pelo legislador ordinário.[105]

Assemelha-se ao que se verifica na Itália o caso brasileiro. Com efeito, o Código Penal da década de quarenta, se bem que reformulado em sua parte geral no ano de 1984, fez-se sob uma ordem constitucional já decaída, e não há um sinal claro de que alterações de maior profundidade, tendentes a uma melhor adequação com o texto constitucional de 1988, venham a ocorrer.[106]

Devemos tratar do caso brasileiro com mais pormenor. Mas antes disso, e de uma apreciação também relativa ao que sucede no Direito português, há objeções que é preciso enfrentar; a elas dedicaremos algumas linhas.

4. Algumas objeções e algumas respostas

Em texto publicado no *Annuaire International de Justice Constitutionnelle*, Palma deixa claro o seu entendimento no sentido de que "il n´existe pás un vrai devoir d´incrimination ou de pénalisation, qui

---

[104] DONINI, Massimo. Principios Constitucionales y sistema penal: modelo y programa. In: *Derecho Penal del Estado Social y Democrático de Derecho*. Libro homenaje a Santiago Mir Puig. Madrid: La Ley, 2010, p. 92.

[105] PALAZZO, Francesco. Direito Penal e Constituição na experiência italiana. In: *Revista Portuguesa de Ciência Criminal*, ano 9, Fascículo 1, Janeiro-Março de 1999. Coimbra Editora: 1999, p. 38. Do mesmo autor, igualmente com essa perspectiva, Cf. PALAZZO, Francesco. Costituzionalismo penale e diritti fondamentali. In: *Diritti, Nuove Tecnologie, Trasformazioni Sociali*: scritti in memoria di Paolo Barile. Milano: CEDAM, 2003, p. 587.

[106] Em verdade, como na Itália, tem-se optado no Brasil pela abdicação de uma reforma geral do Código Penal, editando-se, em leis especiais tendentes à disciplina de vários fenômenos da atualidade, como o tráfego de veículos, meio ambiente e outros, de forma que cada uma destas situações receba regulamentação no nível penal, administrativo, civil etc. Que haja em nível de discussão parlamentar um Projeto de Reforma do Código Penal é algo que não desconhecemos, mas a história brasileira em situações equivalentes recomenda, no mínimo, sejam comedidas as esperanças de que logre aprovação.

découlerait directement de l'effet positif et horizontal des droits fondamentaux".[107]

Segundo a autora, dos valores constitucionais não decorre que tenham de ser protegidos penalmente, de forma que não se pode cogitar de "incriminações obrigatórias contra a necessidade de punir",[108] tendo em vista que a legitimidade de um Estado "garante e até promotor de direitos" associar-se-ia ao Direito Penal apenas se lhe fosse reconhecida uma função preventiva, que, entretanto, é "susceptível de ser exercida por medidas sociais diferentes das penas".[109]

O que há de ser dito, antes de discutirem-se mais especificamente os níveis de relação entre o Direito Penal e as Constituições, é que, no mínimo, para certos valores, fiquemos por ora assim, a proteção penal é de necessidade induvidosa. Tradu-los em bens jurídicos o próprio ordenamento penal. Isso não afastará, pois não se cuida de um antagonismo, que o processo de criminalização atenda aos demais princípios constitucionais, sobretudo o da *ultima ratio*.

Como salienta Sousa e Brito,[110] as opções axiológicas constitucionais devem ser respeitadas pelas normas penais e, além disso, guiar-lhes a interpretação, pois são essas opções que definem "os valores fundamentais da vida em sociedade que o direito penal visa prote-

---

[107] PALMA, Maria Fernanda. *Annuaire International de Justice Constitutionnelle*, XXVI, extraits, Institut Louis Favoreu, 2011, p. 334. No mesmo sentido, na doutrina espanhola, Cf. TOMÁS-VALIENTE, Carmen. La Jurisprudencia Constitucional Española sobre el aborto. In: *La Suprema Corte de Estados Unidos y el aborto*. Madrid: Fundación Coloquio Jurídico Europeo, 2009, p. 111 e MUÑOZ CONDE, Francisco. Protección de bienes jurídicos como limite constitucional del Derecho Penal. In: *El nuevo derecho penal español*. Estudios penales en memoria del profeson José Manuel Valle Muñiz. Pamplona: Aranzadi, 2001, p. 567. Entre os italianos, refutando não apenas potenciais determinações constitucionais de intervenção penal, mas também a vedação de incriminarem-se condutas ofensivas a valores não reconhecidos constitucionalmente, Cf. PAGLIARO, Antonio. *Principi di Diritto Penale*, parte generale. 7. ed. Milano: Dott. A. Giuffrè Editore, 2000, p. 231 e NUVOLONE, Pietro. *Il sistema del diritto penale*. 2. ed. Padova: CEDAM, 1982, p. 51, mormente quando afirma que "non sarà illegitima l'incriminazione della lesione di altri interessi, purchè non siano in contrasto con quelli garantiti della Costituzione". Muito antes, aliás, Nuvolone já externara seu ponto de vista sobre a relação entre as normas penais e a Constituição. Cf. NUVOLONE, Pietro. *Norme penali e principi costituzionali*. Milano: Dott. A Giuffrè Editore, 1957, p. 5-24. Com essa última perspectiva parece coadunar Sousa Mendes, quando alude que: "bem vistas as coisas, temos de convir que a descoberta de uma correspondência direta do valor penalmente tutelado com uma específica consagração constitucional de um determinado direito fundamental não é necessária para caucionar a legitimidade de toda e qualquer incriminação existente". SOUSA MENDES, Paulo de. *Vale a pena o Direito Penal do ambiente?* Lisboa: Associação Académica da Faculdade de Direito de Lisboa, 2000, p. 103.

[108] PALMA, Maria Fernanda. Constituição e Direito Penal. In: *Casos e Materiais de Direito de Penal*. Coordenação: Maria Fernanda Palma, Carlota Pizarro de Almeida e José Manuel Vilalonga. Coimbra: Livraria Almedina, 2002, p. 26-8

[109] PALMA, Maria Fernanda. *Direito Constitucional Penal*. Coimbra: Almedina, 2006, p. 107.

[110] SOUSA E BRITO, José de. *A lei penal na Constituição*. Separata dos estudos sobre a Constituição, volume 2. Lisboa: Biblioteca da Faculdade de Direito, 1978, p. 198.

ger". De modo que mesmo quando não expressos, os princípios que integram a denominada constituição material haverão de subordinar a atividade do legislador ordinário.[111]

Nem se afastará, é evidente, as dificuldades quanto à intensidade da ofensa relacionada à seleção de meios para a proteção dos direitos. Porém, no que diz respeito à intervenção penal, segundo Palazzo, essa far-se-ia vinculada à tutela dos bens jurídicos de maior relevância, como são precisamente aqueles que "hanno trovato eco positiva nella Costituzione",[112] sem prejuízo de se estabelecer que o dever de proteção há de ser mais intenso, quanto mais grave se apresentar a intervenção no direito fundamental e maior for o perigo que sobre ele se projete, de forma que o titular do direito se revele incapaz de realizar a sua autoproteção, ou, diríamos ainda, tal proteção pelo Direito penal haveria de compatibilizar-se com uma certa análise de insuficiência de tutela por outros meios.[113]

Em termos *políticos*, virtualmente retira-se do legislador o papel de protagonista, no concernente à decisão sobre a quais interesses se ligará a tutela penal e, assim, consequentemente, afasta-se a possibilidade de maiorias parlamentares eventuais erigirem, quiçá por critérios extravagantes, à condição de crimes certos fatos que se contraponham às pretensões dos mandatários da vez.[114]

Quer dizer, não se deve confundir a pretensão de proteção com eventual promoção de fins governamentais, de resto efêmeros e cambiantes; ou seja, não se há de conceber em termos de Direito Penal uma atuação como meio propulsor tendente a se alcançarem as finalidades de governo respectivas. Objetivos constitucionais de Estado,

---

[111] SOUSA E BRITO, op. cit., p. 199.

[112] PALLAZZO, Francesco. *Corso di Diritto Penale*. Terza Edizione. Torino: G.Giappichelli Editore, 2008, p. 70-1. Neste sentido, parece não ter razão a crítica, sobre o direcionamento de proteção penal a certos grupos, diante de particulares situações, a exemplo da violência doméstica contra mulheres, porque, fiquemos apenas nisso, cremos não ser gratuita a necessidade de fixação jurídica de parâmetros de igualdade nas relações conjugais, como cremos não ser difícil verificar um histórico de casos de agressões no âmbito familiar, de imposição de humilhações, em desfavor das mulheres, tudo a tornar legítima a criação de um sistema particular de proteção, e de proteção penal, relativo a tais situações. Como veremos em nota posterior, no caso brasileiro, inclusive o Supremo Tribunal Federal respaldou a legislação protetiva, em sentido convergente àquele que se vem defendendo neste texto.

[113] O estabelecimento de critérios mais específicos para a verificação de compatibilidade da atividade legislativa com a proteção dos direitos fundamentais pode ser visto em: BERNAL PULIDO, Carlos. *El principio de proporcionalidad y los derechos fundamentales*: el principio de proporcionalidad como criterio para determinar el contenido de los derechos fundamentales vinculante para el legislador. Madrid: Centro de Estudios Políticos y Constitucionales, 2005, p. 800-5.

[114] De modo similar: PALAZZO, Francesco. Costituzionalismo penale e diritti fondamentali. In: *Diritti, Nuove Tecnologie, Trasformazioni Sociali*: scritti in memoria di Paolo Barile. Milano: CEDAM, 2003, p. 587-8.

evidentemente, não se confundem com razões de governo, sempre permeadas por interesses transitórios, e isto permite dizer que ao Direito Penal não deve caber "uma *função promocional* que o transforme, de direito de proteção de direitos fundamentais, individuais e coletivos, em *instrumento de governo da sociedade*".[115]

Mostra-se, de outro lado, importante a consideração de que tanto mais relevante seja o papel da Constituição em termos de Direito Penal,[116] mais enfáticos hão de ser os requerimentos de atuação da justiça constitucional.[117]

Neste aspecto, não temos condição de desenvolver aqui os argumentos que pretendem afastar essa possibilidade, mas não nos acanhamos em assumir que, sobretudo no que concerne à crítica de desvio democrático, ou de uma espécie de governança exercida pelos juízes constitucionais,[118] nenhuma razão para receio há.[119]

---

[115] FIGUEIREDO DIAS, Jorge. *Questões fundamentais do direito penal revisitadas*. São Paulo: Revista dos Tribunais, 1999, p. 73.

[116] Na expressiva afirmação de Vives Antón: "la ley se ha degradado frente a la Constitución. Sobre el parlamento y ley se ha erigido la Constitución". VIVES ANTÓN, Tomás S. *Fundamentos del sistema penal*: acción significativa y derechos constitucionales. 2 edición. Valencia: Tirant to Blanch, 2011, p. 666.

[117] À expansão do papel da jurisdição nesta perspectiva, Pulitanò dá o expressivo qualificativo de "supplenza giudiziaria". PULITANÒ, Domenico. Politica Criminale. In: *Diritto Penale in trasformazione* – a cura di G.Marinucci e E. Dolcini. Milano: Dott. A. Giuffrè Editore, 1985, p. 38-9. Noutro texto, alude criticamente à potencial transferência do protagonismo na definição da política criminal do legislador aos juízes, se bem que reconheça que "la limitazione della sovranità del legislatore (ancorché democratico) è la ragione d´essere di Costituzioni rigide, e delle proclamazioni costituzionalli di diritti inviolabili". PULITANÒ, Domenico. Obblighi costituzionali di tutela penale? In: *Rivista Italiana di Diritto e procedura penale*, ano XXVI, fascículo 2, aprile-giugno, 1983. Milano: Dott. A. Giuffrè, 1983, p. 512-4. Também sobre o problema da tensão entre as competências do legislador democraticamente legitimado por um lado e o tribunal que controla, por outro, Cf. CLÉRICO, Laura. La prohibición por acción insuficiente por omisión o defecto y el mandato de proporcionalidad. In: *La teoría principialista de los derechos fundamentales*. Madrid: Marcial Pons, 2011, p. 179 e, ainda, FIANDACA, Giovanni. Il «bene giuridico» come problema teórico e come criterio di política criminale. *Diritto Penale in trasformazione*. A cura di G. Marinucci e E. Dolcini. Milano: Dott. A. Giuffrè Editore, 1985, p. 149.

[118] Na exagerada referência de Prieto Sanchís, correr-se-ia o risco de "yugular la democracia política en el altar de un cuerpo elitista como son los jueces". PRIETO SANCHÍS, Luis. *Justicia Constitucional y derechos fundamentales*. Madrid: Editorial Trotta, 2003, p. 288. Alertando, a nosso ver equivocadamente, para o perigo de um "estado de juízes", Cf. também MIRANDA RODRIGUES, Anabela. *A determinação da medida da pena privativa de liberdade*. Coimbra: Coimbra Editora, 1995, p. 290-4, particularmente a nota 327. Em sentido semelhante, Cf. STERNBERG-LIEBEN, Detlev. Bien jurídico, proporcionalidad y libertad del legislador penal. In: *La Teoría del bien jurídico*: fundamento de legitimación del Derecho penal o juego de abalorios dogmático? Roland Hefendehl (ed.). Madrid: Marcial Pons, 2007, p. 122-4.

[119] Para discussão aprofundada a propósito da legitimidade da jurisdição constitucional, se bem que com conclusões diversas das que seguiremos, Cf. HABERMAS, Jürgen. *Direito e Democracia*: entre facticidade e validade, volume I. Tradução de Flávio Beno Siebeneichler. Rio de Janeiro: Tempo Brasileiro, 2003, p. 297-354.

Fiquemos apenas com Ely, quando afirma que: "thus the central function, and it is at same time the central problem, of judicial review: a body that is not elected or otherwise politically responsible in any significant way is telling the people´s elected representatives that they cannot govern as they´d like".[120]

Segundo pensamos, a conhecida advertência de Dworkin, segundo a qual *as maiorias* não se devem conceber sempre como a juíza suprema de quando o seu próprio poder deve ser limitado para protegerem-se os direitos individuais, não se vê suplantada pelo suposto argumento democrático.[121] Em verdade, neste ponto estamos de acordo com o alvitre de Ferrajoli, para quem: "si vuol garantire un bisogno o un interesse come fondamentali, li si sottrae sia al mercato che alle decisioni di maggioranza".[122] E isso, justamente porque "nessuna maggioranza politica può disporre delle liberta e degli altri diritti fondamentali".[123]

Noutras palavras, a *concepção constitucional de democracia* respeita a premissa majoritária,[124] mas não extrai como sua consequência um enfraquecimento da justificação da jurisdição constitucional,[125] de modo que potenciais tensões entre o parlamento e a atividade judicial não devem ser sobrestimadas.[126] Com isso, portanto, evita-se que, por exemplo, governos populistas aprovem leis ou exerçam políticas a partir de maiorias forjadas aleatoriamente. Nas palavras de Dworkin,

---

[120] ELY, John Hart. *Democracy and distrust*: a theory of a judicial review. Harvard University Press, 1980, p. 7.

[121] DWORKIN, Ronald. *O Direito da Liberdade*: A Leitura Moral da Constituição Norte-Americana. Martins Fontes, 2006, p. 25.

[122] FERRAJOLI, Luigi. *Diritti Fondamentali*: un dibattito teórico. Roma: Editori Laterza, 2008, p. 19.

[123] IDEM, op. loc. cit.

[124] Mais uma vez DWORKIN, agora em seu último livro, reafirma a importância da justiça constitucional, se bem deixe assinalado que: "if i had to judge the American Supreme Court only its record during the last few years, i would judge it a failure. But i believe that the overall balance of its historical impact remains positive". DWORKIN, Ronald. *Justice for Hedgehoogs*. Cambridge-London. The Belknap Press of Harvard University Press, 2011, p. 395-399. Menos recente, mas com sentido semelhante de defesa da jurisdição constitucional, sem prejuízo de crítica a decisões pontuais, agora, todavia, no panorama europeu, Cf. BACHOF, Otto. *Jueces y Constituición*. Tradução de Rodrigo Bercovitz Rodríguez-Cano. Madrid: Editorial Civitas, 1985, p. 18 e segs, *passim*.

[125] Reconhece-se que "essa é uma concepção mais abstrata e problemática do que a majoritarista". DWORKIN, Ronald. *A Virtude Soberana*. São Paulo: Martins Fontes, 2005, p. 502.

[126] Embora esteja a tratar mais especificamente da interpretação conforme à Constituição, é interessante a abordagem de Kuhlen a respeito das possíveis tensões internas ao próprio Poder Judiciário, isto é, entre os Tribunais Constitucionais e a jurisdição ordinária, na quadra atual, em vista da expansão dos mecanismos de controle de constitucionalidade. KUHLEN, Lothar. *La interpretación conforme a la Constitución de las leyes penales*. Tradução de Nuria Pastor Muñoz. Madrid: Marcial Pons, 2012, p. 38-40.

o governo da "maioria não é justo nem valioso em si. Só é justo e valioso quando atende a determinadas condições", entre elas as exigências de igualdade entre os participantes do processo político, por meio da qual se definirá a maioria.[127]

Por isso, na correta referência de Larenz, a pergunta sobre quem haveria de controlar a jurisdição constitucional se torna supérflua, a não ser que se prefira confiar na onipotência do legislador, ou, o que é o mesmo, numa democracia "en el sentido de un señorio ilimitado de las mayorías",[128] a qual, já aí, não se coadunará com o Estado de Direito.[129]

Isto, entretanto, ainda não enfrenta outro aspecto da crítica, consistente na preocupação de que a legitimação constitucional do bem jurídico redunde no risco de *engessar* o processo legislativo, em virtude de potenciais amarras estabelecidas pela Constituição, de cuja rigidez extrair-se-ia, neste aspecto, uma certa *imobilidade*.

Para que a alusão tivesse pertinência, todavia, haveríamos de incidir numa concepção que, segundo cremos, é equivocada, e que consistiria numa espécie de *originalismo*, que, como se sabe, é defendido na atualidade por Antonin Scalia, juiz da Suprema Corte Americana, no sentido de que deveria haver uma correspondência nos sentidos

---

[127] DWORKIN, Ronald. *A Virtude Soberana*. São Paulo: Martins Fontes, 2005, p. 510. Mais enfaticamente, noutra obra, acentua Dworkin que a democracia significa "autogoverno com a participação de todas as pessoas, que atuam conjuntamente como membros de um empreendimento comum, em posição de igualdade". Desta forma, a regra da maioria só é democrática quando certas condições prévias – as condições democráticas de igualdade dos membros – são atendidas e mantidas. Portanto, caso se adote essa concepção de democracia, o "argumento de que o controle de constitucionalidade é, por natureza, incompatível com a democracia, cai por terra". DWORKIN, Ronald. *A Justiça de toga*. São Paulo: Martins Fontes, 2010, p. 190. Do contrário, ou seja, sem o reconhecimento da possibilidade de um poder *contra majoritário*, notoriamente característico da jurisdição constitucional, seria "sempre possibile alla maggioranza decidere democraticamente la sua dissoluzione. Non è un´ipotesi di scuola. È quanto è avvenuto con il fascismo e con il nazismo, che hanno preso il potere con regolari elezioni. E non è un caso che le costituzioni rigide siano state introdotte, in Itália e in Germânia, proprio in seguito alle nefaste esperienze del loro passato". FERRAJOLI, Luigi. *Diritti Fondamentali*: un dibattito teórico. Roma: Editori Laterza, 2008, p. 323. A associação inegável das lições de Ferrajoll e Dworkin neste ponto não há de esconder, todavia, as restrições que o primeiro recentemente lançou sobre alguns aspectos da obra do último, se bem que não tenhamos condições de apontar neste texto a nossa discordância parcial a respeito. Sobre isto, Cf. FERRAJOLI, Luigi. Constitucionalismo principialista e constitucionalismo garantista. Tradução de André Karam Trindade. In: *Garantismo, Hermenêutica e (neo)constitucionalismo*. Luigi Ferrajoli, Lenio Luiz Streck e André Karam Trindade (orgs.). Porto Alegre: Livraria do Advogado, 2012, p. 13-56.

[128] LARENZ, Karl. *Derecho Justo*: fundamentos de la etica jurídica. Tradução de Luis Díez-Picazo. Madrid: Civitas, 2001, p. 178-9.

[129] Sobre o afastamento da crítica cética de Böckenförde, que apontava para o risco de um Estado jurisdicional, a não ser que os direitos fundamentais permanecessem compreendidos na concepção de clássicos direitos de defesa, Cf. ALEXY, Robert. *Epílogo a la teoria de los derechos fundamentales*. Tradução de Carlos Bernal Pulido. Madrid: Centro de Estudios, 2004, p. 20-31.

alcançados pelo intérprete de agora, e aqueles que nortearam os autores da Constituição.[130]

Não se trata de desconsiderar o *texto* constitucional; entretanto, numa *concepção material* estará mesmo a ordem constitucional aberta à experiência comunitária de valores, como diz Silva Dias, ou, seguindo-lhe ainda, em termos que permitem teoricamente a evidenciação do que a realidade demonstra, compreende-se a normatividade constitucional "como ordenamento vivido e actualizado por uma 'sociedade aberta de intérpretes constitucionais'".[131]

Noutros termos, estamos longe de confundir *texto* e *norma*, de maneira que, como dizem Tribe e Dorf, fica para as gerações que sucederam os autores da Constituição a tarefa de aplicar sua ordenação às constantes alterações do ambiente no qual elas vivem. A pretensão originalista, no fim, culminaria na construção de um significado unívoco e petrificado dos textos jurídicos, mormente do texto constitucional.[132]

E não é disso que se está a cogitar em nossa análise vocacionada ao campo do Direito Penal. O advento de novos interesses dignos de tutela não ficou à mercê de uma suposta imobilidade dos textos constitucionais de antanho. Porque a Constituição é mais que *texto*. E sua capacidade de atualizar-se em termos hermenêuticos revela, pois, ao invés do que a crítica supunha, uma virtude a mais dessa tentativa de adstringir-lhe não apenas uma perspectiva de limite, mas também de fonte do processo de incriminação.

Como isso sucede num quadro constitucional como o brasileiro é o que veremos a seguir.

---

[130] SCALIA, com efeito, sustenta que há algo como um formalismo estrutural na interpretação constitucional, que, portanto, estaria situada no campo da semântica. Cf. SCALIA, Antonin. *A matter of interpretation*: federal courts and the law: an essay. Princeton: Princeton University Press, 1997, p. 24-40.

[131] SILVA DIAS, Augusto. *«Delicta in Se» e «Delicta Mere Prohibita»*: uma análise das descontinuidades do ilícito penal moderno à luz da reconstrução de uma distinção clássica. Coimbra: Coimbra Editora, 2008, p. 650. Isto sem prejuízo de nossa divergência com o autor sobre ser o princípio da proporcionalidade – em Portugal decorrente do artigo 18, n. 2, da Constituição – o ponto de partida da referencialidade constitucional do bem jurídico, *rectius*: do processo de tipificação de condutas, como procuramos assinalar alhures.

[132] TRIBE, Laurence; DORF, Michael. *Hermenêutica constitucional*. Tradução de Amarílis de Souza Birchal. Coordenação e supervisão de Luiz Moreira. Coleção Del Rey Internacional. Belo Horizonte: Del Rey, 2007, p. 11. Quando tratou da rejeição de Robert Bork à vaga de juiz da Suprema Corte Americana, igualmente Dworkin aludiu ao apelo vago da *intenção original* dos autores da Constituição, aplaudindo a rejeição do indicado por Reagan. Explicando o ponto de vista de Bork, manifestamente um defensor do originalismo, Dworkin dizia tratar-se de uma visão estreita e positivista do texto constitucional, pois insistiria em que a Constituição não cria nenhum direito que não estivesse explicitado na textualidade do documento, cuja interpretação haveria de ser pertinente à expectativa que supostamente seus autores tinham quando o formularam. DWORKIN, Ronald. *O Direito da Liberdade*: A Leitura Moral da Constituição Norte-Americana. São Paulo: Martins Fontes, 2006, p. 439-449.

5. TRATAMENTOS POSSÍVEIS À CONSTITUCIONALIZAÇÃO DO DIREITO PENAL

5.1. O caso brasileiro

A Constituição Federal de 1988 traz determinações expressas, direcionadas ao legislador, tendentes à tipificação de condutas, conforme se depreende dos incisos XLII, XLIII e XLIV, do artigo 5°, dispositivo que, justamente, é conhecido, com razão, como a fonte maior – não a única – dos direitos fundamentais da Carta brasileira. Vejamos com mais pormenor.

No artigo 5°, XLII, da Constituição do Brasil lê-se que a "prática do racismo constitui crime inafiançável e imprescritível, sujeito à pena de reclusão, nos termos da lei".[133] Do comando constitucional derivou atuação parlamentar, que, com a Lei n° 7.716/89, estabeleceu os crimes e as penas atinentes à repugnante conduta do racismo, no que se pode afirmar ter o legislador ordinário realizado o seu dever constitucional de legislar. É importante referir que Ambrosi aponta documentos internacionais como fonte de incriminações a manifestações racistas no contexto europeu, assinalando que em "15 giugno 2006 il Parlamento europeu ha sollecitato il Consiglio dell'Unione ad approvare la Deciosione-quadro sulla lotta contro il razzismo e la xenofobia, proposta dalla Comissione il 29 novembre 2001".[134] Segundo o autor, tal decisão acaba por ensejar uma obrigação àqueles estados, no sentido de "punire tra l'altro fatto di diffondere o distribuire pubblicamente scritti, immagini o altri supporti che contengano espressioni di razzismo o xenofobia".[135]

O inciso XLIII do artigo 5° da Constituição Federal estabelece que serão considerados, pela lei, inafiançáveis e insuscetíveis de gra-

---

[133] Nestes casos, de expressa determinação constitucional, é de se notar que, mesmo quando cogitável uma *lógica de necessidade*, tendente a justificar a incriminação, essa mesma necessidade vem pressuposta pelo texto constitucional, por razões variadas, em ordem a reduzir significativamente o âmbito da discricionariedade legislativa.

[134] AMBROSI, Andrea. Costituizione Italiana e manifestazione di idee razziste o xenofobe. In: *Discriminazione razziale, xenofobia, odio religioso*: Diritto fondamentali e tutela penale. Verona: Cedam, 2006, p. 38. Em França, a partir dos anos noventa, pela denominada *Loi Gayssot*, em alusão ao deputado Jean Claude Gayssot, passou-se a reprimir *tout propos raciste, antisémite ou xénophobe*, alcançando até cinco anos de reclusão a pena para aquele que praticar o negacionismo, ou seja, refutar a prática de crimes contra a humanidade, tais quais os que sucederam à época do nazismo. Desde 1994, por mudança empreendida no artigo 130 do Código Penal Alemão (*Strafgesetzbuch*), passou-se a punir, com pena de até cinco anos de prisão, as manifestações públicas que aprovem, neguem ou minimizem os fatos ocorridos durante o governo nacional-socialista.

[135] AMBROSI, op. cit., p. 39.

ça ou anistia a prática de tortura, o tráfico ilícito de entorpecentes, o terrorismo e os definidos pela lei como crimes hediondos.[136] Embora fatores diversos, entre os quais a própria ausência de ameaças potenciais, contribuam para que, no Brasil, não se tenha ainda encetado, no nível da legislação ordinária, à tipificação do terrorismo, a suscitar a omissão do legislador infraconstitucional, quanto à tortura, a Lei nº 9.455/97 estabeleceu crimes e penas, regulando um tema que, até então, não contava com legislação específica.

Também o artigo 225, § 3º, da Constituição Federal de 1988 estabelece que as condutas e atividades consideradas lesivas ao meio ambiente sujeitarão os infratores, pessoas físicas ou jurídicas, a *sanções penais* e administrativas.[137] [138] O sentido do dispositivo não é

---

[136] Parece relevante a constatação de que, no plano do Direito Internacional, há diversos documentos pelos quais são criadas obrigações, em nível penal, para os Estados. O tema é bastante sugestivo, todavia escapa aos limites deste texto. Fica, porém, a referência de Palazzo a respeito, pois afirma o autor que deve ser considerado como, na atualidade, obrigações de criminalização tendem a manifestarem-se sempre mais numerosas no direito internacional. Basta recordar, entre tantos documentos, a Convenção de Nova Iorque, de 9 de Dezembro de 1948, sobre a prevenção e repressão do delito de genocídio; a Convenção de Nova Iorque, de 7 de Março de 1966, sobre a repressão da discriminação racial; a Convenção das Nações Unidas de Viena, de 20 de Dezembro de 1988, sobre a luta contra o tráfico de drogas. Segundo o autor: "la violazione degli obblighi di incriminazione della parte di uno Stato che abbia aderito alla convenzione che impone la previsione di determinate fattispecie criminose, dà luogo ad una sua responsabilità internazionale" PALAZZO, Francesco. *Corso di Diritto Penale*. Terza Edizione. Torino: G. Giappichelli Editore, 2008, p. 73. Do mesmo autor, ainda sobre este ponto, Cf. PALAZZO, Francesco. Costituzionalismo penale e diritti fondamentali. In: *Diritti, Nuove Tecnologie, Trasformazioni Sociali*: scritti in memoria di Paolo Barile. Milano: CEDAM, 2003, p. 591-2.

[137] Para MILARÉ, no conceito jurídico mais corrente em termos de meio ambiente, surgem duas perspectivas: uma estrita, em que o meio ambiente se concebe como a expressão do patrimônio natural em sua relação com os seres vivos – tal noção, é evidente, despreza tudo aquilo que não diga respeito aos recursos naturais; e uma visão ampla, que ultrapassa os limites em geral fixados pela ecologia tradicional, o meio ambiente abrange toda a natureza original (natural) e artificial, bem como os bens culturais correlatos. Em outras palavras, nem todos os ecossistemas são apenas naturais, havendo quem se refira a ecossistemas naturais e ecossistemas sociais. A par disso, a proteção penal do meio ambiente leva em conta a salvaguarda das gerações futuras. MILARÉ, Edis. *Direito do ambiente*. 2. ed. São Paulo: RT, 2001, p. 118.

[138] Sobre a tutela do meio ambiente, como fim do Estado constitucional, Cf. PÉREZ LUÑO, Antonio-Henrique. Nuevos retos del Estado constitucional: valores, derechos, garantias. In: *Cuadernos Democracia y Derechos Humanos*. Sevilla: defensor del pueblo, 2010, p. 55-73. Quanto às relações entre a dogmática e a política criminal, no Direito Penal do meio ambiente, Cf. SCHÜNEMANN, Bernd. Sobre la dogmática y la política criminal del derecho penal del medio ambiente. In: *Temas actuales y permanentes del Derecho penal después del milenio*. Madrid: Editorial Tecnos, 2002, p. 203-224. Particularmente sobre o âmbito de regulação e a questão do bem jurídico protegido nos crimes ambientais, Cf. TIEDEMANN, Klaus. *Derecho Penal y nuevas formas de criminalidad*. Tradução de Manuel A. Abanto Vásquez. Lima: Idemsa, 2000, p. 193-217. Na doutrina portuguesa, igualmente aludindo à temática do bem jurídico, Cf. SILVA DIAS, Augusto. *A estrutura dos direitos ao ambiente e à qualidade dos bens de consumo e sua repercussão na teoria do bem jurídico e na das causas de justificação*. Separata de Jornadas em homenagem ao Professor Doutor Cavaleiro de Ferreira. Lisboa, FDUL, 1995, p. 190-8. Em sentido crítico ao modo das formulações legislativas neste campo, Cf. SOUSA MENDES, Paulo de. *Vale a pena o Direito Penal do ambiente?* Lisboa: Associação Académica da Faculdade de Direito de Lisboa, 2000, p. 92-3.

exclusividade brasileira. A Constituição Espanhola, com efeito, possui norma semelhante, em seu artigo 45, n. 3, a qual configura, segundo Mir Puig, um "mandato expreso de protección penal o administrativa del medio ambiente".[139] E ainda que com alguma dúvida neste ponto, a propósito da situação na Alemanha, reconhece Amelung que os deveres de proteção face aos direitos fundamentais, associado à necessidade de tutela do meio ambiente, revelariam que "hoy en día parezca posible obligar al legislador a aprobar normas penales que respondan a tales fines", o que, porém, segundo diz, apenas se haveria de concretizar de maneira excepcional, em virtude da vagueza das normas constitucionais e dos elevados requerimentos do princípio da proporcionalidade.[140]

Em nosso país, como sabido, a Lei 9.605/98 deu cumprimento ao dispositivo constitucional, descrevendo as condutas lesivas à fauna e à flora, bem assim ao meio ambiente em sua inteireza, tendentes a repercutir na esfera criminal.[141]

Ainda, há de se referir que o artigo 227, § 4º, da Carta brasileira fixa que a lei punirá *severamente* o abuso, a violência e a exploração sexual de crianças e adolescentes. A relevância atribuída pelo constituinte ao tema, de inequívoca repercussão na vida da criança e do adolescente, levou a que, a par do estabelecimento de comando de incriminação, tendente a reprimir o abuso e a violência sexual, se determinasse que a punição se desse de modo *severo*.

O Estatuto da Criança e do Adolescente brasileiro – Lei 8.069/90 – prescreveu diversas infrações penais alusivas a tais vítimas, as quais, todavia, também podem sofrer ações previstas no Código Penal,[142]

---

[139] MIR PUIG, Santiago. *Bases Constitucionales del Derecho Penal*. Madrid: Iustel, 2011, p. 115.

[140] AMELUNG, Knut. El concepto «bien jurídico» en la teoría de la protección penal de bienes jurídicos. In: *La Teoría del bien jurídico*: fundamento de legitimación del Derecho penal o juego de abalorios dogmático? Roland Hefendehl (ed.). Madrid: Marcial Pons, 2007, p. 237.

[141] É desnecessário, para os objetivos deste trabalho, analisar em pormenor a legislação referida, que deveras avançou demasiado ao tipificar condutas de menor relevo. Basta-nos a reflexão de uma atuação legislativa tendente a atender dispositivo constitucional, que reclamava a edição de normas penais de incriminação como seu desiderato.

[142] No Código Penal brasileiro, em virtude de modificação empreendida pela Lei nº 12.015/2009, o tipo básico de estupro está assim redigido: *artigo 213: Constranger alguém, mediante violência ou grave ameaça, a ter conjunção carnal ou a praticar ou permitir que com ele se pratique outro ato libidinoso. Pena – reclusão, de 6 (seis) a 10 (dez) anos.* Já no que concerne à violação sexual de criança e adolescente, tratados como *vulneráveis* pela lei, a disposição está estabelecida da seguinte maneira: *artigo 217-A: Ter conjunção carnal ou praticar outro ato libidinoso com menor de 14 (catorze) anos. Pena – reclusão, de 8 (oito) a 15 (quinze) anos.* No panorama europeu, tanto a Decisão-Quadro 2004/68/JAI, como as normativas que o sucederam, particularmente o parecer do Comitê Econômico e Social Europeu, de 15 de fevereiro de 2011, relatado por Madi Sharma, estão em indicar diretrizes, enfaticamente no campo penal, aos Estados membros, no sentido da prevenção e repressão ao abuso e exploração sexual de crianças e da pornografia infantil.

mormente as de ordem sexual, no que se tem um sistema complexo de tipos penais destinados a tal campo de tutela.[143]

Acrescente-se, ainda, que a Constituição do Brasil, no título em que trata da ordem econômica e financeira, indica que a lei haverá de reprimir o abuso do poder econômico que vise à dominação dos mercados, à eliminação da concorrência e ao aumento arbitrário dos lucros, bem como que, sem prejuízo da responsabilidade individual dos dirigentes da pessoa jurídica, a lei estabelecerá a responsabilidade desta, sujeitando-a às punições compatíveis com sua natureza, nos atos praticados contra a ordem econômica e financeira e contra a economia popular.[144] Já em 1990, o parlamento editou a Lei nº 8.137/90, que definiu os crimes contra a ordem tributária e econômica, ao modo como decorrente das disposições constitucionais, embora no campo da legislação esparsa se encontrem outras incriminações que se possam reconduzir ao texto constitucional.[145] [146]

Não apenas a determinação constitucional, aqui, legitima o processo de incriminação dessas condutas. É sabido ter-se forjado, em Direito Penal, um ponto de vista pelo qual a afetação dos bens jurídicos coletivos ou difusos, como é o caso, esbarraria na circunstância de serem, outros ramos do direito, idôneos para darem conta dos consectários das condutas assim praticadas. Assim, tais condutas haveriam de ficar de fora do campo penal. Temos, todavia, como correta a crítica de

---

[143] Pretendemos ser incisivos aqui: não obstante as dificuldades que, em termos de justiça constitucional, se possam apontar diante de normas deste tipo, e do consequente controle judicial sobre a atividade parlamentar, dificuldades que, ademais, procuramos enfrentar alhures, o certo é, quando menos, que diante de dispositivo constitucional como o apontado, há de se ter inequívoca uma determinação de tratamento diverso no que concerne aos crimes sexuais, ou seja, devem-se estabelecer punições mais graves acaso as vítimas sejam enquadráveis nos conceitos de criança e adolescente. Essa diretriz permite, indubitavelmente, atuação judicial se, por exemplo, diante de um crime de estupro, venha, no campo legislativo, a sancionarem-se igualmente os fatos praticados contra adultos e crianças ou adolescentes, ou mesmo, numa afronta direta, forem estabelecidas penas menores aos crimes praticados em desfavor dos últimos. As razões da determinação constitucional, evidentíssimas que são, no nível da repercussão para a vida futura das vítimas destes crimes, nem requerem maiores explicações.

[144] Artigo 173, §§ 4º e 5º, da Constituição Federal.

[145] As importantes questões que o tema suscita, entre as quais as alusivas à formulação de tipos penais à maneira de leis penais em branco, as indagações sobre a teoria da autoria e da participação, e, sobretudo, da formulação de tipos de perigo abstrato, não são irrelevantes, embora não nos seja possível examiná-las em detalhe. No essencial, contudo, estamos de acordo com a abordagem de Tiedemann, inclusive na defesa da indispensabilidade de um certo campo de previsões penais, ao fim de ensejar um regular desenvolvimento da atividade econômica. Cf. TIEDEMANN, Klaus. *Derecho Penal y nuevas formas de criminalidad*. Tradução de Manuel A. Abanto Vásquez. Lima: IDEMSA, 2000, p. 36-51.

[146] Quanto à Constituição brasileira estabelecer mandamentos explícitos para a legislação ordinária, em matéria econômica, Cf. ARAÚJO JÚNIOR, João Marcello de. *Dos crimes contra a ordem econômica*. São Paulo: Revista dos Tribunais, 1995, p. 17.

Schünemann, particularmente à concepção atribuída à denominada *Escola de Frankfurt*, que, como cediço, vai no sentido de uma "amplia abolición del moderno derecho penal económico y ambiental en favor de un denominado derecho de intervención".[147] E a razão é que, não apenas seria errôneo supor que a atuação administrativa seja, só por si, de menor gravidade – o cotejo de algumas sanções administrativas com penas criminais meramente restritivas de direitos bem o revela –, o que um tal discurso contribuiria por obscurecer, como também, e este aspecto é crucial, para os casos de maior relevância mostrar-se-ia insensata a "exigência de que la necessária protección de bienes jurídicos se haga efectiva con institutos jurídicos arcaicos".[148]

Além disso, é de se notar que a questão não esconde uma razão situada em nível *político*. Na crítica séria que faz à teoria pessoal do bem jurídico, assinala Hefendehl, numa asserção em tudo pertinente a este tópico, que se a teoria pessoal do bem jurídico formula a pretensão de manter um direito penal reduzido, ela o "faz de uma maneira que, a meu ver, é reacionária: ela assume a perspectiva da classe dominante, cujas posses, em sentido amplo, ela quer proteger por meio do direito penal".[149] E prossegue, indicando que seria problemático, do ponto de vista da igualdade, considerar de forma induvidosa a lesão à propriedade como algo socialmente lesivo e, com isso, merecedor de pena, ao mesmo tempo em que "se quer deixar fora do direito penal ataques, por exemplo, à confiança no mercado de capitais e a outros pontos de dispersão colectivos (*kollektive Schaltstationen*), essenciais para a sociedade e para seus membros".[150]

De grande importância, finalmente, no sentido de revelar o que a ordem constitucional brasileira almeja na proteção dos direitos funda-

---

[147] SCHÜNEMANN, Bernd. *El derecho penal es la ultima ratio para la protección de bienes jurídicos! Sobre los límites inviolables del derecho penal en un estado liberal de derecho.* Tradução de Ángela de la Torre Benítez. Bogotá: Universidad Externado de Colombia, 2007, p. 52-66.

[148] IDEM, op. loc. cit.

[149] HEFENDEHL, Roland. Uma teoria social do bem jurídico. Tradução de Luís Greco. In: *Revista Brasileira de Ciências Criminais*, volume 87, novembro de 2010. São Paulo: Revista dos Tribunais, 2010, p. 104-5.

[150] IDEM, p. 109-110. Aludindo a que a teoria pessoal do bem jurídico deixa de lado as mudanças sociais ocorridas nas últimas décadas, Cf. SEHER, Gerhard. La legitimación de normas penales basada en principios y el concepto de bien jurídico. In: *La Teoría del bien jurídico*: fundamento de legitimación del Derecho penal o juego de abalorios dogmático? Roland Hefendehl (ed.). Madrid: Marcial Pons, 2007, p. 74. Contrariamente à posição de Tiedemann, Cf. SILVA DIAS, Augusto. «*Delicta in Se*» e «*Delicta Mere Prohibita*»: uma análise das descontinuidades do ilícito penal moderno à luz da reconstrução de uma distinção clássica. Coimbra: Coimbra Editora, 2008, p. 665-670, e, do mesmo autor: SILVA DIAS, Augusto. *A estrutura dos direitos ao ambiente e à qualidade dos bens de consumo e sua repercussão na teoria do bem jurídico e na das causas de justificação.* Separata de Jornadas em homenagem ao Professor Doutor Cavaleiro de Ferreira. Lisboa: FDUL, 1995, p. 186.

mentais, é o inciso XLI do artigo 5º da Constituição Federal. Nele, às expressas, tem-se determinação no sentido de que "a lei punirá qualquer discriminação atentatória dos direitos e liberdades fundamentais".

A partir de tal dispositivo pode-se aludir que, conforme assinala Feldens, na quadra atual não se pode mais encarar o Direito Penal sob uma obsoleta compreensão que nele identifica apenas um *braço armado* do Estado, cujo único efeito consiste na redução do espaço de liberdade individual dos cidadãos. Deve-se, ao contrário, compreender sua função de proteção normativa ao bem jurídico, tendente ao pleno desfrute – ou a um maior e mais intenso desfrute – do direito fundamental ameaçado pela conduta que se lhe faça lesiva.[151]

Se é a própria Constituição Federal que fixa o comando, destinado ao legislador ordinário, de elaboração de lei que puna a discriminação – *afronta* – aos direitos e liberdades fundamentais, tem-se que a ausência de atuar legislativo, neste ponto, dá ensejo à situação de inconstitucionalidade. Como explanam Dolcini e Marinucci, a *ratio* inspiradora a unir as normas que impõem, expressamente, que se incrimine determinado fato, reside em uma dupla ordem de considerações: a importância atribuída ao bem ou aos bens contra os quais se dirige o fato a incriminar e a "necessidade do recurso à pena, considerada como único instrumento capaz de assegurar ao bem uma tutela eficaz".[152]

E o artigo 5º, inciso XLI, da Constituição brasileira há de como tal ser encarado, isto é, dispositivo que, mais além das cláusulas expressas que direcionam a atuação parlamentar quanto à criminalização de certas condutas, estabelece um nível de proteção à generalidade dos direitos e liberdades fundamentais, porquanto determina a punição da discriminação atentatória a esses mesmos direitos e liberdades.

Numa síntese, trata-se de *fonte de obrigação ao legislador ordinário*, com a qualificação de *cláusula implícita de criminalização* de condutas atentatórias aos direitos e liberdades fundamentais.

Apenas uma palavra mais, para dizer que, no Brasil, o fenômeno da inconstitucionalidade sucede tanto em virtude de comportamento ativo do legislador, ao editar norma que discrepe da ordem constitucional, como, igualmente, em razão da omissão legislativa,[153] que se dá

---

[151] FELDENS, Luciano. *A Constituição Penal – a dupla face da proporcionalidade no controle de normas penais*. Porto Alegre: Livraria do Advogado, 2005, p. 81.

[152] DOLCINI, Emilio; MARINUCCI, Giorgio. Constituição e escolha dos bens jurídicos. *Revista Portuguesa de Ciência Criminal*, ano 4, fascículo 1, jan./mar. 1994, p. 172.

[153] Sobre a situação em Portugal, a respeito da fiscalização da inconstitucionalidade por omissão, é de ser dito que, embora se afigure possível, diversos fatores contribuem para uma perspecti-

quando, não obstante a imposição da Carta, permaneça o legislador numa situação de inércia.

Quer dizer, da eventual inação legislativa surge o problema da inconstitucionalidade por omissão, que, na expressão de Sarlet,[154] decorre de uma inércia (total ou parcial) do legislador em face de uma imposição mais ou menos concreta (finalidade ou programa) contida nas normas de direitos fundamentais.

Mas este não é um texto concernente à jurisdição constitucional e, portanto, não se pretendem maiores considerações sobre a atuação dos tribunais brasileiros, quando confrontados com situação de inconstitucionalidade, sejam ativas ou passivas.

Importa é dizer que o Supremo Tribunal Federal já reconheceu, mais de uma vez, ser-lhe dado atuar quando o legislador ordinário não tenha, segundo os termos constitucionais, dado conta do dever de proteção a direitos fundamentais que a Constituição brasileira impõe, muitas vezes a partir da convocação do Direito Penal.

No Recurso Extraordinário 418376, por exemplo, em voto-vista o Ministro Gilmar Mendes afirmou ser necessária a perspectiva do dever de proteção, que se consubstanciaria naqueles casos em que o Estado não pode abrir mão do direito penal para garantir a tutela de um direito fundamental. O caso tratava de crime sexual reiterado, contra menina de nove anos, situação que persistiu até quando, aos doze, engravidou e passou a conviver com o agressor. À época, a lei brasileira previa que, em casos de crimes sexuais, o casamento da vítima com o agressor excluía a sua punibilidade, e a questão estava em saber se, em vista da idade da vítima e da circunstância de não ser um casamento, e sim uma união estável, a exclusão da punibilidade haveria

---

va bastante diversa da que se apresenta no quadro brasileiro. Primeiro, a reduzida legitimação ativa, segundo os termos do artigo 283 da Constituição da República Portuguesa; segundo, a ausência de sanção, acaso constatada a omissão parlamentar. De resto, como leciona Blanco de Morais, resulta, disto, correta a asserção de "o instituto da inconstitucionalidade por omissão ser, quer se queira quer não, também o parente pobre dos processos de fiscalização", tanto que, indica o autor, entre 2008 e 2010, nenhum juízo de inconstitucionalidade por omissão foi proferido pelo Tribunal Constitucional Português. A este respeito, Cf. BLANCO DE MORAIS, Carlos. *Justiça Constitucional*, tomo II: O Direito do contencioso constitucional. 2. ed. Lisboa: Coimbra Editora, 2011, p. 548-555.

[154] SARLET, Ingo Wolfgang. *A eficácia dos direitos fundamentais.* 2. ed. Porto Alegre: Livraria do Advogado, 2001, p. 329. Igualmente Streck acentua que a inconstitucionalidade pode ser decorrente de excesso do Estado, caso em que determinado ato é desarrazoado, resultando desproporcional o resultado do balanceamento entre fins e meios, como pode advir de proteção insuficiente de um direito fundamental, como ocorre quando o Estado abre mão do uso de determinadas sanções penais ou administrativas para proteger determinados bens jurídicos. STRECK, Lenio Luiz. Da proibição de excesso (*Übermassverbot*) à proibição de proteção deficiente (*Untermassverbot*): de como não há blindagem contra normas penais inconstitucionais. *Revista da Ajuris*, Porto Alegre, n. 97, mar. 2005, p. 180.

O BEM JURÍDICO-PENAL

ou não de dar-se. O Tribunal manteve a condenação, por entender que se violaria a proibição de insuficiência da proteção penal estender-se, a esse caso, a causa, à época vigente, de extinção de punibilidade.

O mesmo Ministro Gilmar Mendes, na ADIN 3.510, deixou expresso que os direitos fundamentais se caracterizam não apenas por seu aspecto subjetivo, mas também por uma feição objetiva, em ordem a se apresentarem como verdadeiros mandados normativos direcionados ao Estado. Assim, a dimensão objetiva dos direitos fundamentais legitimaria a ideia de que o Estado se obriga não apenas a observar os direitos de qualquer indivíduo em face das investidas do Poder Público (direito fundamental enquanto direito de proteção ou de defesa), mas, nas palavras do Ministro, também "a garantir os direitos fundamentais contra agressão propiciada por terceiros (*Schutzpflicht des Staats*)".

Mais recentemente, já em 2012, no julgamento conjunto das ADIN 4.424 e ADC 19, em que se respaldaram medidas protetivas em favor da mulher, nos casos de violência doméstica, afirmou o Ministro Luis Fux que "sendo estreme de dúvidas a legitimidade constitucional das políticas de ações afirmativas, cumpre estabelecer que estas se desenvolvem também por medidas de caráter criminal". Desta maneira, nas palavras do Ministro inferem-se, dos direitos fundamentais previstos constitucionalmente, deveres de proteção impostos ao Estado. Assim: "como o Direito Penal é o guardião dos bens jurídicos mais caros ao ordenamento, a sua efetividade constitui condição para o adequado desenvolvimento da dignidade humana, enquanto a sua ausência demonstra uma proteção deficiente dos valores agasalhados na Lei Maior".

Também no recente julgamento da ADPF 54, em abril de 2012, o Ministro Luis Fux, se bem que tenha assentido com a possibilidade de, em vista da ordem constitucional brasileira, autorizar-se a interrupção de gravidez nos casos de má-formação fetal – a nosso ver com razão, como veremos adiante –, não deixou de assinalar, em seu voto, que o Direito Penal "atua como expressão do dever de proteção do Estado aos bens jurídicos constitucionalmente relevantes, como a vida, a dignidade, a integridade das pessoas e a propriedade", de maneira que "a tipificação de delitos e a atribuição de penas também são mecanismos de proteção a direitos fundamentais. Sob essa perspectiva, o Estado pode violar a Constituição por não resguardar adequadamente determinados bens, valores ou direitos, conferindo a eles proteção deficiente, seja pela não tipificação de determinada conduta, seja pela pouca severidade da pena prevista".

Se a expressividade das normas constitucionais brasileira, não obstante, ainda não ensejaram consenso doutrinário a respeito da *constitucionalização do Direito Penal* sob este viés, mais complexo há de ser o panorama quando a Constituição é menos evidente, quanto à determinação de criminalização de condutas. Tal é o caso português, que pretendemos examinar com mais atenção.

5.2. Aportes do Direito português:
o «mau exemplo» do aborto

Quando se pretende discutir as relações entre o Direito Penal e a Constituição, a análise do crime de aborto ocupa, sem nenhuma dúvida, posição privilegiada. Como em Portugal por mais de uma vez o Tribunal Constitucional houve de enfrentar essa temática, impõe-se-nos, neste tópico, maior atenção a essa análise jurisprudencial do que a aspectos concernentes à elaboração doutrinária.

Não que a doutrina portuguesa não se tenha ocupado do assunto. Já no enfrentamento de algumas críticas citamos Maria Fernanda Palma, de cuja posição neste ponto discordamos, e poder-se-ia dizer ser conhecida a objeção de Figueiredo Dias, que acentua sua "convicção da inexistência de imposições jurídico-constitucionais implícitas (sejam absolutas, sejam meramente relativas) de criminalização",[155] se bem que, a este respeito, no mínimo a disposição do artigo 117, n. 3,

---

[155] FIGUEIREDO DIAS, Jorge de. *Comentário Conimbricense do Código Penal*. Parte Especial. Tomo I. Coimbra: Coimbra Editora, 1999, p. 172. Do mesmo autor, ainda Cf. FIGUEIREDO DIAS, Jorge de. *Temas básicos da doutrina penal*: sobre os fundamentos da doutrina penal, sobre a doutrina geral do crime. Coimbra: Coimbra Editora, 2001, p. 59. Pese embora o fato de Figueiredo Dias aludir a um princípio da congruência entre a ordem axiológica constitucional e a ordem legal dos bens jurídicos protegidos pelo Direito Penal. Neste sentido, Cf. FIGUEIREDO DIAS, Jorge de. *Direito Penal Português: as consequências jurídicas do crime*. Lisboa: Aequitas Editorial Notícias, 1993, p. 72 e, ainda com este enfoque: FIGUEIREDO DIAS, Jorge de. O "Direito Penal do bem jurídico" como princípio jurídico-constitucional. In: *XXV anos de jurisprudência constitucional portuguesa*. Colóquio comemorativo do XXV aniversário do Tribunal Constitucional. Coimbra: Coimbra Editora, 2009, p. 34-5. Para um panorama abrangente deste ponto de vista, Cf. MIRANDA RODRIGUES, Anabela. *A determinação da medida da pena privativa de liberdade*. Coimbra: Coimbra Editora, 1995, p. 288-295, mormente as notas, com amplas referências bibliográficas. Igualmente, mas com menos referências, Cf. D´AVILA, Fabio Roberto. *Ofensividade e crimes omissivos próprios: contributo à compreensão do crime como ofensa ao bem jurídico*. Coimbra: Coimbra Editora, 2005, p. 66-7, especialmente a nota n. 10. Em sentido semelhante ao de Figueiredo Dias, preconizando a inexistência, na Constituição Portuguesa, de obrigação de penalização, por ofensa a bens constitucionalmente protegidos, Cf. CANOTILHO, J. J. Gomes. Teoria da legislação geral e teoria da legislação penal. In: *Estudos em homenagem ao Professor Doutor Eduardo Correia – I*. Coimbra: Boletim da Faculdade de Direito – número especial, 1984, p. 855, se bem que, no mesmo texto, anteriormente tenha afirmado que "as possibilidades de incriminação dependem dos interesses, situações ou funções que sejam elevadas à dignidade de bem jurídico, no contexto da ordem axiológica jurídico-constitucional". Idem, p. 853.

da Constituição de Portugal, segundo cremos, não possa ser desconsiderada.[156]

Mas essa refutação apresenta, mesmo em Portugal, significativas divergências. Cabe apontar, pois, o entendimento de Pizarro de Almeida, para quem a Constituição Portuguesa é o quadro obrigatório de referência para a atividade punitiva do Estado e, assim, ao indicar um conteúdo material de crime, plasmado na Constituição, afirma que "há obrigações de criminalizar, a nível constitucional", sem prejuízo de que isso suceda segundo uma lógica de necessidade e subsidiariedade.[157]

Mas não é só. Pereira da Silva, por sua vez, assinala ser forma paradigmática de proteção dos direitos fundamentais a consistente na "criminalização de comportamentos lesivos de bens jurídicos jusfundamentais" e, à questão de saber se a Constituição impõe ou não tal maneira de atuação legislativa, distingue as situações de âmbito de criminalização legítima, em que a margem de ponderação parlamentar é mais ampla, daquelas de âmbito de "criminalização imposta", em que a indiscutível dignidade penal do bem a ser tutelado, associada à danosidade social de sua violação, reduzem a margem de atuação legislativa. De modo que "a não criminalização de determinados comportamentos lesivos de valores essenciais à ordem comunitária pode representar uma subversão da ordem de valores constitucionalmente plasmada".[158]

Também Rui Pereira dá conta de que a Constituição consagra implicitamente uma ordem de bens jurídicos, de forma que seria inaceitável que os bens jurídicos situados "no topo desta ordem constitucional – a vida, a integridade pessoal e a liberdade – não beneficiassem de tutela penal".[159] De modo semelhante, Ferreira da Cunha aponta

---

[156] Cuida-se, a nosso sentir, de evidente comando expresso de criminalização, que, embora incomum na conformação constitucional portuguesa, neste ponto diversa da Constituição do Brasil, estabelece para o legislador ordinário um efetivo dever de atuação no concernente à previsão dos crimes de responsabilidade dos titulares de cargos políticos.

[157] PIZARRO DE ALMEIDA, Carlota. Algumas Considerações sobre o acórdão 211/95 do Tribunal Constitucional. In: *Casos e Materiais de Direito de Penal*. Maria Fernanda Palma, Carlota Pizarro de Almeida e José Manuel Vilalonga (coords.). Coimbra: Livraria Almedina, 2002, p. 203-210.

[158] PEREIRA DA SILVA, Jorge. *Dever de legislar e protecção jurisdicional contra omissões legislativas*. Lisboa: Universidade Católica Editora, 2003, p. 46-8. Declaradamente o autor, neste aspecto, aproxima-se de CUNHA, Maria da Conceição Ferreira da. *Constituição e crime: uma perspectiva da criminalização e da descriminalização*. Porto: Universidade Católica Portuguesa, 1995, p. 291-305.

[159] PEREIRA, Rui Carlos. *O crime de aborto e a reforma penal*. Lisboa: Associação Acadêmica da Faculdade de Direito de Lisboa, 1995, p. 75-8. Consoante o autor, o *jus puniendi* corresponde a uma espécie de prestação a que se obriga o Estado, como contrapartida à renúncia, pelos cidadãos, da *vindicta* privada.

para uma ordem de valores baseada na Constituição material como fator de legitimação do Direito Penal, a qual, ademais, teria o efeito de evitar alterações decorrentes dos câmbios políticos quanto às maiorias parlamentares e os exercentes do governo,[160] e, com o mesmo alvitre, Sousa e Brito dirá que a "constituição em sentido material, que inclui todos os princípios fundamentais da ordem jurídica portuguesa" subordina o legislador ordinário em sua atuação penal e define "os valores fundamentais da vida em sociedade que o direito penal visa proteger".[161]

Mesmo Costa Andrade, quando postula derivar da Constituição uma hierarquia de valores vinculativa para o legislador penal, seja em termos de imposições relativas de criminalização, seja em termos de restrição à descriminalização de condutas lesivas de valores pessoais,[162] não esconde sua inclinação à aceitação de atuação penal legislativa, determinada pela Constituição, ainda que de modo implícito, como o faz finalmente Cunha,[163] em monografia vocacionada a tratar especificamente sobre o assunto.

E é essa compreensão que parece ter predominado, retornemos à jurisprudência, nas decisões do Tribunal Constitucional português em relação ao aborto, conforme pretendemos explicitar.

Mas não deixa de ser uma *desventura* que a vinculação do processo de criminalização à Constituição aflore, justamente, na discussão do aborto.[164] Isto, mesmo para nós, que entendemos dever extrair-se

---

[160] FERREIRA DA CUNHA, Paulo. *A Constituição do Crime*: da substancial constitucionalidade do Direito Penal. Coimbra: Coimbra Editora, 1998, p. 87-104.

[161] SOUSA E BRITO, José de. *A lei penal na Constituição*. Separata dos estudos sobre a Constituição, volume 2. Lisboa: Biblioteca da faculdade de Direito, 1978, p. 198-9.

[162] COSTA ANDRADE, Manuel da. O novo Código Penal e a moderna criminologia. In: *Jornadas de Direito Criminal*: o novo Código penal português e legislação complementar, I. Lisboa: Centro de Estudos Judiciários, 1983, p. 227. Do mesmo autor, ainda, embora sob outro enfoque, Cf. COSTA ANDRADE, Manuel da. A dignidade penal e a carência de tutela penal como referências de uma doutrina teleológico-racional do crime. In: *Revista Portuguesa de Ciência Criminal*, ano 2, n. 2, Abril-Junho de 1992. Direcção de Jorge de Figueiredo Dias. Coimbra: Aequitas Editorial Notícias, 1992, p. 173-205, particularmente no ponto em que refere, a propósito dos critérios aludidos no título do texto, que ambos "mediatizam e tornam operativos os princípios constitucionais que demarcam o horizonte da criminalização: imanência sistémico-social, proporcionalidade, carácter fragmentário e subsidiariedade".

[163] A autora defende, com efeito, a existência de obrigações constitucionais de criminalização, ainda que relativas. CUNHA, Maria da Conceição Ferreira da. *Constituição e crime*: uma perspectiva da criminalização e da descriminalização. Porto: Universidade Católica Portuguesa, 1995, p. 271 e segs.

[164] Em sentido semelhante, Cf. PEREIRA, Rui Carlos. *O crime de aborto e a reforma penal*. Lisboa: Associação Académica da Faculdade de Direito de Lisboa, 1995, p. 76. Bastaria, com efeito, que se analisasse a questão do aborto sob o ponto de vista da mulher grávida, e o corolário haveria de ser diverso. Neste sentido, Cf. CANOTILHO, José Joaquim Gomes. Omissões Normativas e

da necessária proteção que o Estado há de dedicar aos direitos fundamentais um campo de atuação penal irrenunciável. Essa desventura, dizíamos, obscurece a relevância do tema alusivo à necessidade de atuação penal noutros setores.

A nossa tentativa, pois, doravante, é a de superação da aparente aporia. O que nos obriga a tratar da questão do aborto.

Estabeleçamos o *mínimo* de consenso possível, para prosseguir: até a ocorrência da nidação, isto é, do alojamento do produto da concepção no útero materno, não há qualquer projeto de vida ainda hábil a requerer a atuação do Estado. Trata-se, reiteramos, de um mínimo de consenso, se bem que reconhecemos as controvérsias a este respeito.[165] Assim, mantido o alvitre de, neste aspecto, sermos sintéticos, deve ser rejeitado o critério da fecundação como tendente à afirmação de início da vida intra-uterina, pois ainda lhe falta um mínimo de estabilidade para revelar o início de um processo normal de gestação.

Neste sentido, há importantes consequências práticas em se não cogitar de aborto nos casos de fecundação *in vitro*, acaso suceda destruição do óvulo antes de introdução no útero materno e nos casos de dispositivos que impedem a nidação do óvulo fecundado,[166] bem como parece acertado aludir-se que, nos casos dos embriões *in vitro*, estariam fora do âmbito de nossas reflexões, pelo menos no que se refere a um nível de proteção penal que diga respeito ao direito à vida.

Aduzir que o feto não tenha, em si, direito à vida, ainda que, é evidente, como tal esse direito não possa ser subjetivado, seria o mesmo que tornar írrita a discussão e, assim, seria o caso de encerrá-la por aqui. Assumamos, pois, que sim, que há direito à vida do feto – sem prejuízo da ausência evidente de subjetivação –, e, deste modo, assumamos mais, que a vida é direito fundamental que cobra atuação legislativa e, sem mais, atuação legislativa em termos penais, pois supor que outro ramo do direito dê conta da tutela de um interesse ou valor de tal magnitude é, segundo cremos, um equívoco.

---

deveres de protecção. In: *Estudos em homenagem a Cunha Rodrigues*, volume II, Organização: Jorge de Figueiredo Dias e outros. Coimbra: Coimbra Editora, 2001, p. 118

[165] Entre tantos, neste ponto, com alusão a nosso ver equivocada, de que a nossa primeira e primária célula, o zigoto, já é um ser humano, Cf. RAMÓN RECUERO, José. *En defensa de la vida humana*. Madrid: Biblioteca Nueva, 2011, p. 44-54 e, também: OTERO, Paulo. Pessoa Humana e Constituição: contributo para uma concepção personalista do Direito Constitucional. In: *Pessoa Humana e Direito*. Diogo leite de Campos e Silmara Juny de Abreu Chinellato (coords.). Coimbra: Almedina, 2009, p. 377-8.

[166] SILVA DIAS, Augusto. *Direito Penal – Parte especial*: Crimes contra a vida e a integridade física – Sumários das aulas da disciplina de Direito Penal III. 2. ed. Lisboa: Associação Académica da faculdade de Direito de Lisboa, 2007, p. 19, nota 15.

Donde se poderia afirmar que a violação do direito à vida do feto por qualquer pessoa, *sem o consentimento materno*, e, tratando-se de seja qual tempo de gestação for, é, e há de ser, crime de aborto.[167]

A questão estaria, portanto, no aborto realizado por opção da mulher. Indaga-se: deve ser punido? Como conciliar essa ideia com a premissa fixada de que há um direito fundamental – ou um valor constitucional – a ser penalmente protegido?

Em Portugal, o debate jurisprudencial a respeito da interrupção da gravidez tem como antecedente o acórdão 25/84, em que o Tribunal Constitucional houve de analisar se o estabelecimento de causas de não punição do aborto, em determinadas situações – *modelo de indicações* – confrontava ou não com a Constituição portuguesa.

Até então, deve-se dizer, Portugal figurava entre os países com legislação mais restritiva a respeito das causas tendentes a admitir a interrupção da gravidez, e a lei, cotejada com a Constituição à época, na suma dizia impunível o aborto (a) realizado para remover perigo de morte ou de grave lesão para a mãe, (b) se houvesse motivos seguros que indicassem grave doença ou malformação do nascituro e (c) nos casos de gravidez decorrente de estupro contra a mulher.

Neste julgamento, a conclusão majoritária do Tribunal foi em favor da constitucionalidade da lei, se bem que reconhecido o dever de atuação penal do Estado na proteção de bens jurídicos, na espécie excetuado em vista da particularidade das situações envolvidas.[168]

Posteriormente, em duas ocasiões a Corte Constitucional portuguesa voltou a tratar do tema, em virtude de controle preventivo de constitucionalidade, relacionado a referendo, o que equivale a dizer, a consulta popular em que, nos dois casos de maneira idêntica – um

---

[167] Este argumento já vem aqui lançado, pois no acórdão 75/2010, do Tribunal Constitucional Português, a que daremos mais atenção, alguns votos vencidos assinalavam a ausência *total* de proteção ao feto, autorizado que fosse o aborto por consentimento da mulher, sem, entretanto, perceberem que, ao contrário, há proteção penal do feto, na medida em que o aborto sem consentimento era, e é, crime.

[168] Alguns votos vencidos foram bastante enfáticos, ao assinalar uma vertente ou dimensão positiva da proteção constitucional, que se traduziria na obrigação para o Estado de adotar medidas para a salvaguarda dos direitos fundamentais. Neste aspecto, o Conselheiro José Manuel Cardoso da Costa referiu que "o direito penal tem aí um papel particularmente relevante e decisivo. E isto, não só porque o seu instrumentário continua a ser imprescindível para a tutela daqueles valores (já que, muitas vezes, pelo menos, outro se não vê capaz de substituí-lo com idêntica eficácia); como ainda porque as suas normas continuam a ser um mediador privilegiado (...) na transposição dos valores constitucionais para a diuturna vida jurídica e social", tudo a revelar, segundo o Conselheiro, a existência de "imposições relativas (assim chamadas) de criminalizar ou de não descriminalizar". Em sentido semelhante acentuou o Conselheiro Mário Augusto Fernandes Afonso que "o direito à vida se reputa como o mais relevante dos direitos fundamentais, como é óbvio, entendo que o Estado não pode deixar de lhe prestar a necessária tutela penal".

O BEM JURÍDICO-PENAL

no ano de 1998 e outro no ano de 2006 – se questionaria se haveria concordância com a *despenalização* da interrupção voluntária da gravidez, se realizada por opção da mulher, nas primeiras dez semanas de gestação.[169]

Em ambos os casos, nos acórdãos 288/98 e 617/2006, o Tribunal Constitucional, ademais de enfrentar diversas questões formais que para aqui não importam, decidiu, por maioria, pela admissibilidade constitucional de realização dos referendos.[170] [171] O primeiro referendo, em que a consulta resultou negativa, não ensejou alteração do quadro legal até então vigente, que era o da admissibilidade da interrupção da gravidez, num modelo de indicações, tal qual apreciado e acatado pelo Tribunal Constitucional no acórdão 25/84. Na segunda consulta, realizada no ano de 2007, 59,25% dos votantes – que, no caso, restringiram-se a 43,57% dos a tanto habilitados –, anuíram com a despenalização objeto da consulta, numa configuração de modelo de prazo, pelo qual, por opção da mulher, a interrupção da gravidez poderia realizar-se até a décima semana de gestação.[172]

Isto, entretanto, não inibiu que um pedido de apreciação e declaração de inconstitucionalidade, contra a Lei n° 16/2007, fosse formulado, a requerer, como deveras requereu, nova atuação do Tribunal Constitucional de Portugal, lavrada no acórdão 75/2010. Já aqui, como se vê, cuidava-se de controle repressivo de constitucionalidade e, nes-

---

[169] Em Portugal, em certos casos, antes da realização do referendo popular, a possibilidade de sua efetivação passa por um precedente crivo de admissibilidade, a ser empreendido pelo Tribunal Constitucional.

[170] Isto sem prejuízo de, no primeiro caso, mesmo o voto condutor do Conselheiro Luís Nunes de Almeida reconhecer aos direitos fundamentais uma dimensão objetiva, a qual "constituirá uma verdadeira imposição constitucional", que, entretanto, neste caso não se resolveria a partir de uma atuação no nível penal, mormente no primeiro período de gestação, de modo que no âmbito da discricionariedade legislativa, de acordo com a evolução da gravidez, adensar-se-iam os mecanismos de proteção que, na forma estabelecida no projeto de lei apreciado, indicavam, já após a décima semana de gestação, ser crime a realização do aborto por opção da gestante.

[171] Em alguns votos vencidos relativos ao acórdão 617/2006 foi afirmado o que se pode sintetizar com trecho do Conselheiro Benjamin Rodrigues, no sentido de existirem "direitos constitucionais cuja existência e exercício hão-de, *necessariamente*, impor a criminalização das atitudes que os violem, por, *na sua defesa*, o legislador ordinário *dever* usar *todos* os meios constitucionalmente possíveis e entre estes, evidentemente, a sua *ultima ratio* – o direito criminal". Que estejamos *in genere* de acordo com a assertiva, mas não para o efeito concernente ao aborto por opção, é sinal do já revelado *paradoxo* que estamos tentando suplantar.

[172] Não obstante a aprovação popular, em virtude de circunstâncias políticas e da pressão exercida por grupos contrários ao aborto, no ensejo de edição da lei, no caso a Lei n° 16/2007, introduziu-se no texto algo que não fora objeto do referendo, no escopo de produção de um *espaço mínimo de consenso*. Trata-se da obrigatoriedade de a mulher, que pretende a interrupção da gravidez, realizar consulta prévia, que, em Portugal, ao contrário do que sucede na Alemanha, não ostenta caráter dissuasório, mas de *finalidade informativa*, exigindo-se, demais disso, um prazo de três dias, destinado à sua reflexão, a mediar a consulta e a efetivação do ato interruptivo.

te julgamento, a par das questões por assim dizer marginais e que aqui serão olvidadas,[173] por maioria de votos entendeu-se em favor da constitucionalidade da legislação profligada.

De tal resultado extrair-se-ia não ser reconhecida a necessidade de relacionar-se à Constituição um certo nível de proteção penal?

Supomos uma resposta negativa. Isto é, o paradigmático caso do aborto não contraria nossa tese. Vejamos as razões.

É que, além de a situação do aborto sem consentimento da gestante continuar, evidentemente, a ensejar punição – no que é já verificável o exercício de tutela penal do Estado –, tem-se como claro que, no atual sistema português, se a consulta prévia não for realizada, isto é, se o procedimento legal não for atendido, e mesmo se a interrupção da gravidez não for realizada num estabelecimento oficial ou legalmente reconhecido, subsistirá ainda crime, por parte da mulher, mesmo que esta tivesse optado pela interrupção da gravidez e a realizasse fora das condições determinadas. O mesmo haveria de suceder se a interrupção da gravidez ocorresse fora do prazo fixado legislativamente, tudo em ordem a integrar no âmbito do artigo 24 da Constituição de Portugal a vida intrauterina, com admissão, todavia, de que a proteção penal que lhe cabe – e o reconhecimento de que lhe cabe essa proteção já não é irrisório – suceda gradualmente, isto é, conforme evolua a gestação.[174]

Digamos o mesmo, em outras palavras. A interrupção da gravidez por opção da mulher não é punida em Portugal, desde que se realize em estabelecimento médico oficial ou legalmente reconhecido e, além disso, desde que o consentimento da mulher seja prestado em documento próprio, o qual apenas pode ser considerado como tal se

---

[173] Por exemplo, quanto ao questionamento de uma determinação da lei, no sentido de que os médicos que suscitassem objeção de consciência, de maneira a não participarem de procedimentos de interrupção de gravidez, estariam, por tal razão, afastados também de uma potencial intervenção nas consultas prévias que antecedem a concretização do aborto, num sentido informativo à gestante – informativo, calha dizer, para indicar-lhe que há certos benefícios de assistência estatal, mormente em termos de condições de apoio que o Estado pode dar à prossecução da gravidez, bem como das eventuais consequências, para a saúde física e psíquica da mulher, do procedimento de interrupção, tudo a permitir-lhe uma decisão livre, consciente e responsável, para a qual, viu-se também, exige-se um período de reflexão de pelo menos três dias. O Tribunal Constitucional não acolheu a alegação de inconstitucionalidade neste ponto, de modo que não compreendeu, como pretendiam os autores da ação, houvesse violação ao princípio da igualdade pela exclusão de atuação na consulta informativa dos médicos que se recusam a empreender abortos.

[174] Noutras palavras, e esse registro o fez o Conselheiro Joaquim de Sousa Ribeiro, mesmo a incriminação do aborto sem mais já indicava um tratamento legislativo diverso em relação àquele conferido à vida pós nascimento, pois tradicionalmente a pena criminal concernente ao aborto não alcança o patamar daquela estabelecida para o homicídio.

O BEM JURÍDICO-PENAL

lhe precedeu um período de reflexão de três dias, contados de uma consulta informativa de que tenha a gestante participado.

O que equivale a dizer que as interrupções de gravidez realizadas clandestinamente continuam sendo incriminadas; bem como que a suplantação dessas *normas de organização e procedimento* para o exercício da opção pelo aborto, se este se efetivar, serão aptas, em linha de princípio, à configuração de crime.[175]

Em que medida isso importa, poder-se-ia perguntar.

Neste aspecto, cumpre assinalar ser uma constatação evidente que, praticamente a generalidade dos Conselheiros do Tribunal Constitucional português que atuaram nos processos concernentes à questão do aborto, assentaram que o ser em gestação situa-se no âmbito de proteção determinada pelo artigo 24 da Constituição de Portugal.[176] E, diante deste consenso a respeito de ser o feto digno de proteção, compreendeu a maioria dos julgadores que a instituição da consulta informativa, a necessidade de reflexão da mulher depois dessa consulta e mesmo a limitação da possibilidade de interrupção da gravidez, por opção, até a décima semana, configurariam de modo adequado o *desincumbir-se*, pelo Estado, do dever de proteção à vida intrauterina, que, como já salientado, foi o pressuposto de que partiu a decisão.

É dizer, para a corrente majoritária, a atuação estatal não se reduziria à edição de normas penais de incriminação de condutas, no ensejo de proteção de bens ou valores, como tais definidos pela Constituição. Também a adoção de *procedimentos, de normas de organização,* e *mantidas as demais hipóteses de incriminação,* far-se-iam bastantes para que se não revelasse, neste caso, uma violação à *proibição de insuficiência* – invocação de violação que, aliás, motivou em grande medida aqueles Conselheiros que votaram vencido.[177]

---

[175] Artigo 140, n. 3, do Código Penal português.

[176] Aliás, desde o acórdão 25/84, parece ter-se formulado um consenso na perspectiva de que a vida intra-uterina representava um valor a ser considerado digno de tutela, e de *tutela penal*, se bem que não se possa falar de um valor juridicamente subjetivado. Essa ideia foi, de certo modo, reproduzida no acórdão 288/98, que se referiu ao primeiro referendo a realizar-se sobre o tema em Portugal, bem como no acórdão 617/2007.

[177] Neste sentido, por representar uma espécie de *meio termo* entre a posição predominante e a dos demais, destacaríamos o voto da Conselheira Maria Lúcia Amaral, que reconhecendo embora que "o legislador estava obrigado a proteger o bem jurídico vida (vida pré-natal)" em vista do artigo 24 da Constituição Portuguesa, bem como que "sempre que o legislador estiver *constitucionalmente obrigado a proteger certo bem,* tal significa que as medidas a adoptar deverão propiciar a mais ampla protecção que seja fáctica e juridicamente possível", diverguiu do resultado majoritário por entender que a consulta meramente *informativa* à gestante, sem comprometimento, portanto, com uma finalidade *dissuasória,* implicaria num *déficit* da proteção constitucionalmente requerida.

Bem se nota uma disparidade de enfoque entre a solução dada pelo Direito europeu e o americano, a respeito da compreensão do aborto. E isto impõe algumas palavras a mais.

Na Alemanha, como se sabe, a conhecida decisão de 1975 do Tribunal Constitucional Alemão sindicou, por inválida, lei de reforma do Direito Penal daquele país, pela qual se estabelecia um modelo de prazos, até então inexistente, de modo que se afastava a punição da interrupção da gravidez, realizada por opção da mulher, até a décima segunda semana de gestação. Reside no fato de a decisão reconhecer um *dever de proteção penal* do Estado, derivado da Constituição, a sua grande importância, que se expressa também no fato de a Corte Constitucional ter afirmado a possibilidade de análise da intensidade com a qual tenha o legislador atuado no sentido de desincumbir-se deste dever.

Em termos de jurisprudência constitucional, cuida-se da primeira decisão que, às expressas, aborda a problemática da *Untermassverbot*, ou seja, da proibição de insuficiência ou de proibição de proteção deficiente pelo Direito Penal, naqueles setores em que essa proteção seja um imperativo constitucional. As premissas do *Bundesverfassungsgericht* são demasiado importantes, no sentido de (a) dar aos bens jurídicos tratamento constitucional, (b) de cobrar do legislador atuação penal e (c) de conceber como possível, neste ponto, a análise em termos de controle de constitucionalidade. Não temos, entretanto, condições de aqui proceder a um exame mais detalhado.[178]

De toda sorte, no exercício de controle de constitucionalidade posterior, o Tribunal Constitucional alemão afirmou a higidez de legislação que, a par de estabelecer um prazo para o exercício da interrupção da gravidez por opção da mulher, direcionava, contudo, a sua decisão a uma precedente consulta e um prazo de reflexão, nos quais se exerceria uma *certa carga* – o que quer dizer que não se trataria de uma consulta meramente informativa, como sucede em Portugal – em favor de que essa levasse a gravidez adiante.[179]

No caso espanhol, por sua vez, muito recentemente a Lei Orgânica n° 2/2010 instituiu um modelo de despenalização do aborto realizado por opção da gestante, após decorridos três dias de uma consulta informativa, de modo, portanto, muito semelhante ao que sucede em

---

[178] Detalhadamente neste ponto, Cf. STÖRRING, Lars Peter. *Das Untermaßverbot in der Diskussion: untersuchung einer umstrittenen Rechtsfigur.* Berlin: Duncker&Humblot, 2009, p. 74-79.

[179] A este respeito, Cf. SCHWABE, Jürgen. *Cinqüenta anos de Jurisprudência do Tribunal Constitucional Alemão.* Tradução de Beatriz Hennig e outros. Montevideo: Fundación Konrad-Adenauer, 2005, p. 266-293.

Portugal, exceto pelo fato de que, na Espanha, a interrupção pode dar-se até a décima quarta semana de gravidez.

De notar-se, entretanto, que setenta e um deputados ingressaram com recurso de inconstitucionalidade contra a nova legislação, e que este, até o presente, não foi julgado pelo Tribunal Constitucional Espanhol, embora um pedido de liminar tenha sido indeferido.[180]

A solução americana se afigura mais peculiar. Apesar de todas as controvérsias posteriores,[181] *Roe versus Wade* ainda é o paradigma a que se deve atentar para uma consideração do que se passa nos Estados Unidos da América. Neste caso, como cediço, em decisão majoritária, relatada pelo *judge* Harry Blackmun, a Suprema Corte americana houve por estabelecer que, até o terceiro mês de gravidez, não era idôneo aos estados americanos a edição de leis que criminalizassem o aborto. Embora haja diversas sutilezas na decisão, de análise despicienda neste momento, para o que nos importa releva a asserção de que, neste julgamento, o foco principal esteve na liberdade da mulher; em seu direito de disposição do próprio corpo, principalmente porque, segundo assentado, até o terceiro mês de gravidez não adquirira, ainda, o feto viabilidade e expressão humana dignas de tutela.[182]

No essencial, concordamos com o *leading case*. A gravidez é fenômeno em tudo singular. Uma tentativa de explicá-la apenas do ponto de vista científico redundaria seguramente em inexatidão. Mudanças no corpo e no afeto feminino, alterações que se exigirão em diversos níveis da vida pessoal, sem contar os vínculos eternos decorrentes da maternidade, numa repercussão que é para toda a vida, tudo isto situa o fenômeno num campo em que a analogia com qualquer outra situação se faz impossível.

---

[180] Sobre a nova lei espanhola, inclusive com ampla análise do recurso de inconstitucionalidade aqui aludido, já há boa doutrina publicada. Neste sentido, Cf. VIVES ANTÓN, Tomás S.; CUERDA ARNAU. *El debate acerca de la legalización del aborto*. Valencia: Tirant lo Blanch, 2012, p. 182-252. De modo menos detalhado a respeito da nova regulamentação espanhola, Cf. BARJA DE QUIROGA, Jacobo López. *Los limites de la vida y la libertad de la persona*. Valencia: Tirant lo Blanch, 2011, p. 132-143. Com um enfoque crítico ao caráter restritivo da legislação espanhola, antes da reforma aqui referida, Cf. GIMBERNAT ORDEIG, Enrique. *Estudios de Derecho Penal*. 3. ed. Madrid: Tecnos, 1990, p. 66-75.

[181] A este respeito, Cf. SHAPIRO, Ian. *El derecho constitucional en materia de aborto en Estados Unidos: una introducción*. Tradução de Victoria Roca. In: La Suprema Corte de Estados Unidos y el aborto. Madrid: Fundación Coloquio Jurídico Europeo, 2009, p. 11-85 e, ainda: BARJA DE QUIROGA, Jacobo López. Op. cit., p. 25-67, com análise dos casos *Planned Parenthood of Southeastern Pennsylvania vs. Casey* e *Stenberg vs. Carhart*.

[182] Para um amplo exame de Roe vs. Wade, por todos, Cf. DWORKIN, Ronald. *O Domínio da vida*. Tradução de Jefferson Luiz Camargo. São Paulo: Martins Fontes, 2003, p. 141 e segs.

E tais consectários, é preciso que se diga, se bem que pertençam em alguma medida à vida familiar como um todo, retumbam de modo mais imediato e, certamente mais firme, na mulher grávida. Tê-la, pois, em consideração, não parece trivial.

Só que, assim conduzidas as coisas, poder-se-á indagar de que modo tal compreensão poderia conviver com a assentada necessidade de tutela penal de bens jurídicos, a partir da Constituição, mormente se essa inclui o projeto de vida inequívoco que ostenta o feto. E isto é necessário explicitar.

Há tantos argumentos conhecidos a este respeito, que se invocará um outro, pautado na ideia de que todos devem ser *tratados com igual consideração e respeito*, à maneira como conhecidamente expõe Dworkin. Ora, se a proteção penal do feto há de ser empreendida pelo Estado, essa, entretanto, não pode fazer recair a sua carga unicamente sobre a mulher, justamente ela que suporta o que, em sua intimidade, podem ser as agruras da gravidez.

Se há uma necessidade de proteção penal aqui, ela não pode ser estabelecida a partir de um tipo de incriminação sob cuja sujeição somente a mulher grávida pudesse situar-se.

Isto para não dizer que a vida, como valor, não estaria carente de proteção, na medida em que a decisão em *Roe* não impõe, de nenhum jeito, o aborto para as mulheres que, em que situação for, pretenderem seguir com a gravidez – imaginemos uma mulher estuprada, do que decorre a gravidez e que, não obstante, por questões religiosas, opte por seguir adiante e ter o filho -; a decisão em comento apenas faz com que não sejam consideradas em termos criminais as demais, seguramente a minoria, que, por questões várias, decidam-se pela interrupção da gravidez, no que se pode afirmar que, a rigor, do que aqui se trata é simplesmente de dar tratamento igualitário na possibilidade de optar sobre como a mulher pretende encaminhar a sua vida futura.

Ou seja, quando se autoriza a interrupção da gravidez a partir de um modelo de prazos, com a fixação de um período até o fim do qual a interrupção dá-se por opção da mulher, e independente de situações enumeradas pela lei, como o é num modelo de indicações, isto não significa, de modo algum, que se esteja a assentir que o aborto se faça sem razão alguma. Há sempre uma razão, aliás em geral bastante difícil para a mulher, porquanto a decisão de interromper a gravidez não se afigura uma banalidade. Apenas que o Estado se demite de perquirir dos motivos e, como consequência, de julgá-la, visto ser uma evidência que somente se requereria a explicitação destes mesmos motivos se fosse pretensão sequente entregar a um órgão ou autoridade o inferir-se da pertinência do alegado.

Manter-se as razões da interrupção da gravidez no âmbito da mulher grávida mais não é do que o reconhecimento de sua *privacy*, da forma exata como há de conceber um Estado democrático, que reconheça como insuscetível de avaliação um certo campo da decisões íntimas, ou de modos de vida, escolhidos pelas pessoas.

Daqui não resulta, portanto, uma rejeição à tese de que o sistema constitucional indique, ainda que implicitamente, a necessidade de proteção a certos direitos que, no campo penal, retumbarão na dogmática dos bens jurídicos. Nem se recusa, de modo nenhum, a projeção para a vida que revela o feto – *cuja tutela penal frente a ataques de terceiros subsiste e cuja proteção em qualquer caso se vai adensando pelo progresso da gravidez.*

O que se tem é, neste caso particularíssimo, a constatação de que se o feto é, como deveras é, digno de proteção estatal, essa não há de realizar-se de uma maneira a cuja violação somente seja suscetível a mulher, como seja criminalizando o aborto por opção.[183]

Vejamos o argumento pelo seu revés. Para tanto, basta um olhar breve sobre a situação no Brasil.

Uma decisão de inconstitucionalidade, a respeito do modelo de prazos, pelo Tribunal Constitucional de Portugal, teria o efeito de, neste país, dar-se um tratamento à questão do aborto, em termos legais, semelhante ao que se dá *do outro lado do mar.*

Semelhante, diga-se, porque em terras brasileiras sequer se avançou para o aperfeiçoamento do modelo de indicações, de maneira que, ainda hoje, em termos de justificação do aborto, apenas a gravidez decorrente de estupro ou de perigo de vida para a gestante encontram previsão no Código Penal. Isto é, mesmo na quadra atual não se em-

---

[183] Opção que pertence a um nível de intimidade tal que não cabe, mesmo, neste ponto, uma pretensão de investigação estatal sobre os motivos e, nem tampouco – isto veio tratado em alguns votos recolhidos no acórdão 75/2010, do Tribunal Constitucional de Portugal – uma necessária comunicação, que implicaria um *poder de veto*, ao pai, ou potencial pai, quando decida-se a mulher pela interrupção da gravidez. Não se pode tratar a decisão da mulher pela interrupção da gravidez como algo trivial, que não lhe produza, só por si, um nível de amargura e comprometimento psíquico difíceis de mensurar e, deste modo, o julgamento de se as razões tidas como hábeis ao aborto são ou não razoáveis encontra um único juiz habilitado à sua realização, e este é a mulher grávida, apenas ela. Em sentido diverso, a nosso ver equivocadamente, pela defesa da necessidade de consulta paterna e, mais equivocadamente por entender que a discordância deste haveria de ensejar decisão judicial pelo prosseguimento da gravidez, Cf. VASCONCELOS, Pedro Pais de. A posição jurídica do pai na interrupção voluntária da gravidez. In: *Pessoa Humana e Direito*. Diogo leite de Campos e Silmara Juny de Abreu Chinellato (coords). Coimbra: Almedina, 2009, p. 401-9.

preendeu solução legislativa para os casos de má-formação do feto ou de constatação de sua inviabilidade.[184]

De maneira que, no Brasil, parece ser ainda distante a adoção de um modelo de prazos.[185] E isso é o que se daria em Portugal, acaso fosse, a seu tempo, reconhecida a inconstitucionalidade da Lei nº 16/2007. Qual a consequência desta potencial situação, que, no Brasil, é uma realidade?

A resposta é simples: a consideração de ser crime a interrupção da gravidez realizada por opção da mulher. Mas indaga-se, se é crime, como há tão poucos processos criminais a propósito deste tipo penal? Está, deveras, neste caso específico, a norma penal *ensejando a proteção* que se lhe alvitra?

Parece-nos em tudo discutível cogitar-se de efeito preventivo geral aqui, no sentido de inibição de sua prática. Trata-se, repitamos, de assunto tão grave para a mulher que, uma vez definida seja a interrupção da gravidez, para a gestante nenhuma eficácia terá a circunstância de a conduta ser ou não tida como criminosa.

A desconsideração dos riscos da repressão penal já em si demonstra como a decisão pelo aborto é encarada com seriedade pela gestante.[186]

E, disso, decorrem dois problemas, aos quais se fará breve referência. O primeiro diz respeito à questão penal mesmo, uma vez que é francamente expressiva a *cifra negra* concernente ao aborto. Poucos são os casos que chegam ao sistema de justiça criminal e, portanto, é bastante *seletiva* a incidência da norma incriminadora, que, ao fim, sequer cumpre um papel simbólico, pois, já se aventou, não possui eficácia nem mesmo em termos de prevenção geral.[187] [188]

---

[184] Este tema permaneceu sob a jurisdição do Supremo Tribunal Federal por cerca de oito anos, por força da Arguição de Descumprimento de Preceito Fundamental nº 54, e, somente em abril de 2012, encontrou o seu desfecho, com a afirmação – por oito votos contra dois – de permissivo tendente à não incriminação de aborto se realizado diante de tais situações. No geral, até essa decisão, cujos efeitos práticos ainda não se pode aquilatar, as mulheres que pretendiam interromper a gravidez formulavam o pedido a juízes de primeiro grau e, assim, obtida que fosse a autorização, o que em alguns casos impunha tortuosos caminhos processuais, realizavam-na.

[185] O Projeto de Reforma do Código Penal brasileiro ensaia, a este respeito, alguma solução, embora aluda, em seu artigo 128, IV, à necessidade de que a interrupção da gestação por opção da mulher esteja na dependência de se constar a ausência de condições psicológicas para lidar com a maternidade.

[186] Sobre as consequências da interrupção da gravidez para a mulher, inclusive na órbita de sua vida conjugal – a partir de estudos de casos, Cf. CAMPOS, Ana. *Crime ou Castigo? Da perseguição contra as mulheres até a despenalização do aborto.* Coimbra: Almedina, 2007, p. 81-100.

[187] No fim das contas, algumas poucas mulheres acabam por suportar toda a carga do sistema, *expiando* a potencialidade de sanção criminal, que, vejamos bem, diz ser *criminosa* quem, por razões que são suas, resolve interromper uma gravidez e carregar consigo todas as angústias e

---

O BEM JURÍDICO-PENAL

O segundo concerne ao âmbito da saúde – pública e da mulher. Desta, pois a ausência de reconhecimento estatal pela possibilidade da interrupção da gravidez, enseja a utilização de métodos e procedimentos situados na clandestinidade, de que decorrem inúmeros problemas, quando não a morte. Da saúde pública, pois não é raro que em locais vulgares dê-se início à prática abortiva e essa, em virtude da má utilização da técnica ou da precariedade dos meios, acabe por exigir o encaminhamento da mulher ao sistema público, impondo-lhe custo significativo e, claro, de novo, colocando em risco a vida ou a integridade da mulher. Paradoxo evidente, visto que a incriminação destinada à tutela da vida acaba por maximizar-lhe os riscos.

CONCLUSÃO

A manutenção de um sentido útil à dogmática do bem jurídico passa pelo reconhecimento de que, para além de sua clássica função crítica do sistema e de limitação da intervenção penal, sob a referência de uma axiologia constitucional, está, também, a necessidade de, pela via inversa, extrair-se dessa mesma axiologia, enquanto ordem de valores consagradora de direitos fundamentais, determinações de proteção que retumbarão na necessidade de tipificação de condutas.

Diríamos o mesmo, aludindo a que, se parece mais corriqueiro partir-se do Direito Penal à Constituição, é hora de completar-se o círculo, indo-se da Constituição àquele, o que nos parece deva suceder tendo-se como ponto de referência o bem jurídico.

Que isso ocorra segundo a variabilidade das conformações constitucionais, peculiares às diversas opções políticas encontráveis no direito comparado, é uma evidência; como o é que o núcleo de ordens expressas de criminalização seja diverso, consoante cada quadro constitucional distinto. Os apontamentos feitos a propósito do que se passa no Brasil e em Portugal são disso um sinal eloquente.

---

culpas que de tal decisão se possa extrair. Sequer o desamparo se lhes dá; dá-se-lhes a possibilidade da pena.

[188] Segundo Silva Dias, o reconhecimento da existência de bens jurídicos penais no âmbito da pré- natalidade não está em defender-se a criminalização do aborto com consentimento durante todo o tempo de gestação. A par da existência do bem jurídico, estariam as "razões que militam contra a incriminação do aborto com consentimento nas primeiras semanas de gravidez", mormente em vista da "elevadíssima taxa de cifras negras ligadas ao aborto clandestino e essa injustiça terrível que é a punição de bodes expiatórios". SILVA DIAS, Augusto. «Delicta in Se» e «Delicta Mere Prohibita»: uma análise das descontinuidades do ilícito penal moderno à luz da reconstrução de uma distinção clássica. Coimbra: Coimbra Editora, 2008, p. 647-8, nota 1411.

Mas, ainda assim, mesmo uma Constituição tal qual a da República portuguesa pode ensejar comandos direcionados ao legislador ordinário, não expressos é certo, mas cuja razão resida no reconhecimento de que sem proteção, sem a proteção radical do Direito Penal, direitos qualificados como fundamentais e valores constitucionais de estimação inequívoca lançar-se-iam numa espécie de aporia, a que corresponderia a sua consagração formal e a suscetibilidade de uma imensa ordem de violação. Se o alvitre mostra-se idôneo, como o cremos, numa conformação constitucional como a que se pode observar além-mar, tanto mais o será num quadro como o nosso, em que despontam evidentes, para algumas hipóteses, um direcionamento constitucional no que concerne ao âmbito de atuação do legislador penal.

Não poderíamos, porém, consignar os nossos argumentos sem que estes fossem submetidos a uma espécie de *teste*. E, neste ponto, naquilo que poderia parecer um paradoxo reside, entretanto, a perspectiva de que o Tribunal Constitucional de Portugal, em linhas gerais, afina-se com este entendimento, segundo o qual, mesmo naquele país, a atuação penal legislativa encontraria uma dimensão constitucional inequívoca. Porque no histórico das relevantes decisões adotadas sobre a interrupção da gravidez – que, sob tal perspectiva, afigura-se como o caso limite –, não deixou de aludir à necessidade de intervenção do Direito Penal na proteção de bens jurídicos derivados da ordem constitucional e, se bem que com ênfase variada entre os diversos magistrados que atuaram nestes casos, reconheceu como idônea a vinculação legislativa num sentido de edição de normas penais incriminadoras, quando isso, mesmo implicitamente, decorresse da ordenação constitucional.

Não temos dúvida, neste sentido, de que uma pretensão legislativa, em Portugal, de pura e simples descriminalização do aborto, em toda e qualquer circunstância, e sem a mediação de um procedimento que lhe fosse pertinente, seria acoimada de inconstitucional. E a razão haveria de ser que, para a vida, enquanto direito fundamental e enquanto valor constitucional, sobre cuja relevância é desnecessária qualquer palavra a mais, a proteção penal é irrenunciável.

Para nós, essa assertiva de irrenunciabilidade da proteção penal dá-se em virtude de a axiologia constitucional determinar ao legislador ordinário a tradução, como bem jurídico-penal, dos direitos que estabelece com maior eminência.

Sabemos que isto é pouco; sabemos que a modulação da intervenção penal ficará na dependência de critérios outros, que não tivemos condições de estabelecer, e sabemos, antes de tudo, que, mesmo nossa tentativa de responder a algumas críticas no decorrer do trabalho não o torna insuscetível frente a outros potenciais argumentos.

Mas as formulações que situam a legitimação do bem jurídico num plano ordinário, puramente legislativo, e aquelas que o fazem a partir de alguma espécie de transcendência, situada portanto fora do Direito, também não estão infensas a um qualquer tipo de profligação.

E é por isso que a nossa tentativa constitucional não terá sido em vão.

BIBLIOGRAFIA

ALEXANDRINO, José de Melo. *A Estruturação do sistema de direitos, liberdades e garantias na Constituição Portuguesa*. Lisboa: Almedina, 2006.

ALEXY, Robert. *Teoria dos Direitos Fundamentais*. Tradução de Virgilio Afonso da Silva. 2 ed. São Paulo: Malheiros, 2011.

——. *Sobre la estructura de los derechos fundamentales de protección*. Tradução: Daniel Oliver-Lalana. In: La teoría principialista de los derechos fundamentales. Madrid: Marcial Pons, 2011.

——. *Epílogo a la teoria de los derechos fundamentales*. Tradução de Carlos Bernal Pulido. Madrid: Centro de Estudios, 2004.

AMBROSI, Andrea. *Costituizione Italiana e manifestazione di idee razziste o xenofobe*. In: Discriminazione razziale, xenofobia, ódio religioso: Diritto fondamentali e tutela penale. Verona: Cedam, 2006.

AMELUNG, Knut. *El concepto «bien jurídico» en la teoría de la protección penal de bienes jurídicos*. In: La Teoría del bien jurídico: fundamento de legitimación del Derecho penal o juego de abalorios dogmático? Roland Hefendehl (ed.). Madrid: Marcial Pons, 2007.

ARAÚJO JÚNIOR, João Marcello de. *Dos crimes contra a ordem econômica*. São Paulo: Editora Revista dos Tribunais, 1995.

BACHOF, Otto. *Jueces y Constituición*. Tradução de Rodrigo Bercovitz Rodríguez-Cano. Madrid: Editorial Civitas, 1985.

BARATTA, Alessandro. *Funções instrumentais e simbólicas do direito penal: lineamentos de uma teoria do bem jurídico*. In: Revista Brasileira de Ciências Criminais, São Paulo, ano 2, n. 5, jan./mar. 1994.

BARJA DE QUIROGA, Jacobo López. *Los limites de la vida y la libertad de la persona*. Valencia: Tirant lo Blanch, 2011.

BERNAL PULIDO, Carlos. *El principio de proporcionalidad y los derechos fundamentales*: el principio de proporcionalidad como criterio para determinar el contenido de los derechos fundamentales vinculante para el legislador. Madrid: Centro de Estudios Políticos y Constitucionales, 2005.

BIRNBAUM, Johann Michael Franz. *Sobre la necesidad de una lesión de derechos para el concepto de delito*. Tradução de José Luis Guzmán Dalbora. Buenos Aires: Editorial B de F, 2010.

BLANCO DE MORAIS, Carlos. *Justiça Constitucional*, tomo II: O Direito do contencioso constitucional. 2 ed. Lisboa: Coimbra Editora, 2011.

BOBBIO, Norberto. *O Positivismo Jurídico*: lições de Filosofia do Direito. São Paulo: Ícone Editora, 2006.

BONAVIDES, Paulo. *Curso de Direito constitucional*. 15. ed. São Paulo: Malheiros, 2004.

BOROWSKI, Martin. *La estructura de los derechos fundamentales*. Tradução de Carlos Bernal Pulido. Bogotá: Universidad Externado de Colombia, 2003.

BÖSE, Martin. Derechos fundamentales y derecho penal como ´derecho coactivo´. In: *La Teoria del bien juridico*: fundamento de legitimación del Derecho penal o juego de abalorios dogmático? Roland Hefendehl (ed.). Madrid: Marcial Pons, 2007.

BRICOLA, Franco. *Teoria generale del reato*. Estratto dal Nuovissimo Digesto Italiano. Torino: Editirice Torinese, 1974.

CAMPOS, Ana. *Crime ou Castigo?* Da perseguição contra as mulheres até a despenalização do aborto. Coimbra: Almedina, 2007.

CANARIS, Claus-Wilhem. *Direitos Fundamentais e Direito Privado*. Tradução de Ingo Wolfgang Sarlet e Paulo Mota Pinto, Coimbra: Livraria Almedina, 2009.

CANOTILHO, José Joaquim Gomes. *Direito constitucional*. 5. ed. Coimbra: Almedina, 2002.

——. Omissões Normativas e deveres de protecção. In: *Estudos em homenagem a Cunha Rodrigues*, v. II, Organização: Jorge de Figueiredo Dias e outros. Coimbra: Coimbra Editora, 2001.

——. Teoria da legislação geral e teoria da legislação penal. In: *Estudos em homenagem ao Professor Doutor Eduardo Correia* – I. Coimbra: Boletim da Faculdade de Direito – número especial, 1984.

CARVALHO, Márcia Dometila. *Fundamentação constitucional do direito penal*. Porto Alegre: Sergio Antonio Fabris, 1992.

CLÉRICO, Laura. *La prohibición por acción insuficiente por omisión o defecto y el mandato de proporcionalidad*. In: La teoría principialista de los derechos fundamentales. Madrid: Marcial Pons, 2011.

COPPETTI, André. *Direito penal e Estado Democrático de Direito*. Porto Alegre: Livraria do Advogado, 2000.

COSSIO DÍAZ, José Ramon. *Estado Social y Derechos de prestación*. Madrid: Centro de Estudios Constitucionales, 1989.

COSTA ANDRADE, Manuel da. A dignidade penal e a carência de tutela penal como referências de uma doutrina teleológico-racional do crime. In: *Revista Portuguesa de Ciência Criminal*, ano 2, n. 2, abril-junho de 1992. Direcção de Jorge de Figueiredo Dias. Coimbra: Aequitas Editorial Notícias, 1992.

——. *Consentimento e acordo em Direito Penal* (contributo para a fundamentação de um paradigma dualista). Coimbra: Coimbra Editora, 1991.

——. O novo Código Penal e a moderna criminologia. In: *Jornadas de Direito Criminal*: o novo Código penal português e legislação complementar, I. Lisboa: Centro de Estudos Judiciários, 1983.

CUNHA, Maria da Conceição Ferreira da. *Constituição e crime: uma perspectiva da criminalização e da descriminalização*. Porto: Universidade Católica Portuguesa, 1995.

D´AVILA, Fabio Roberto. *Ofensividade e crimes omissivos próprios*: contributo à compreensão do crime como ofensa ao bem jurídico. Coimbra: Coimbra Editora, 2005.

DÍEZ-PICAZO, Luis M. *Sistema de derechos fundamentales*. Madrid: Civitas, 2003.

DOLCINI, Emilio; MARINUCCI, Giorgio. *Constituição e escolha dos bens jurídicos*. Revista Portuguesa de Ciência Criminal, ano 4, fascículo 1, jan./mar. 1994. Direcção de Jorge de Figueiredo Dias. Coimbra: Aequitas Editorial Notícias, 1994.

DONINI, Massimo. Principios Constitucionales y sistema penal: modelo y programa. In *Derecho Penal del Estado Social y Democrático dde Derecho*. Libro homenaje a Santiago Mir Puig. Madrid: La Ley, 2010.

——. Selevità e paradigni della teoria del reato. *In: Rivista Italiana di Diritto e Procedura Penale*. Nuova serie, anno XL, abril-junho de 1997. Milano: Dott A. Giuffrè Editore, 1997.

DWORKIN, Ronald. *Justice for Hedgehoogs*. Cambridge-London. The Belknap Press of Harvard University Press, 2011.

——. *A Justiça de toga*. São Paulo : Martins Fontes, 2010.

——. *O Direito da Liberdade*: a leitura moral da Constituição Norte-Americana. São Paulo: Martins Fontes, 2006.

——. *A Virtude Soberana*. São Paulo: Martins Fontes, 2005.

——. *O Domínio da vida*. Tradução de Jefferson Luiz Camargo. São Paulo: Martins Fontes, 2003.

ELY, John Hart. Democracy and distrust: a theory of a judicial review. Harvard University Press, 1980.

EMERICH CORETH, S.J. *Questões fundamentais de hermenêutica*. São Paulo: EDUSP, 1973.

FACCINI NETO, Orlando. *Elementos de uma teoria da decisão judicial*: Constituição, Hermenêutica e Respostas Corretas em Direito. Porto Alegre: Livraria do Advogado, 2011.

——. A proibição de insuficiência penal: o exemplo privilegiado dos crimes financeiros. In: *Revista da Procuradoria-Geral do Banco Central*, volume 5, número 1, junho de 2011. Brasília: Banco Central do Brasil, 2011.

FELDENS, Luciano. *A Constituição Penal*: a dupla face da proporcionalidade no controle de normas penais. Porto Alegre: Livraria do Advogado, 2005.

FERNÁNDEZ, Gonzalo D. *Bien jurídico y sistema del delito*. Montevideo-Buenos Aires: B de F Editorial, 2004.

FERRAJOLI, Luigi. Constitucionalismo principialista e constitucionalismo garantista. Tradução de André Karam Trindade. In: *Garantismo, Hermenêutica e (neo) constitucionalismo*. Organização de Lenio Luiz Streck e André Karam Trindade. Porto Alegre: Livraria do Advogado, 2012.

——. *Diritti Fondamentali*: um dibattito teórico. Roma: Editori Laterza, 2008.

——. *Direito e razão: teoria do direito penal*. São Paulo: Revista dos Tribunais, 2002.

FERREIRA DA CUNHA, Paulo. *A Constituição do Crime*: da substancial constitucionalidade do Direito Penal. Coimbra: Coimbra Editora, 1998.

FEUERBACH, Paul Johann Anselm Ritter von. *Tratado de derecho penal común vigente en Alemania*. Tradução da 14 edição, por Eugênio Raul Zaffaroni e Irma Hagemeier. Buenos Aires: Hammurabi, 1989.

FIANDACA, Giovanni. Il «bene giuridico» come problema teórico e come criterio di política criminale. In: *Diritto Penale in trasformazione*. A cura di G. Marinucci e E. Dolcini. Milano: Dott. A. Giuffrè Editore, 1985.

FIANDACA, Giovanni; MUSCO, Enzo. *Diritto Penale*, parte generale. 4. ed. Bologna: Zanichelli Editore, 2001.

FIGUEIREDO DIAS, Jorge de. *O "Direito Penal do bem jurídico" como princípio jurídico-constitucional*. In: XXV anos de jurisprudência constitucional portuguesa. Colóquio comemorativo do XXV aniversário do Tribunal Constitucional. Coimbra: Coimbra Editora, 2009.

——. *Temas básicos da doutrina penal*: sobre os fundamentos da doutrina penal, sobre a doutrina geral do crime. Coimbra: Coimbra Editora, 2001.

——. *Questões fundamentais do direito penal revisitadas*. São Paulo: Revista dos Tribunais, 1999.

——. *Comentário Conimbricense do Código Penal*. Parte Especial. Tomo I. Coimbra: Coimbra Editora, 1999.

——. *Direito Penal Português: as consequências jurídicas do crime*. Lisboa: Aequitas Editorial Notícias, 1993.

GARCIA, Emerson. *Conflito entre normas constitucionais*: esboço de uma teoria geral. Rio de Janeiro: Lumen Juris, 2008.

GIMBERNAT ORDEIG, Enrique. *Estudios de Derecho Penal*. 3 ed. Madrid: Tecnos, 1990.

GRECO, Luís. Tem futuro a teoria do bem jurídico? Reflexões a partir da decisão do Tribunal Constitucional Alemão a respeito do crime de incesto (§ 173 Strafgesetsbuch). In: *Revista Brasileira de Ciência Criminais*, janeiro de 2010, volume 82. São Paulo: Revista dos Tribunais, 2010.

GREGORIO, Giuliana. *Linguaggio e interpretazione: su Gadamer e Heidegger*. Rubbettino: Rubbettino Editore, 2006.

HABERMAS, Jürgen. *Direito e Democracia: entre facticidade e validade*, v. I. Tradução de Flávio Beno Siebeneichler. Rio de Janeiro: Tempo Brasileiro, 2003.

HASSEMER, Winfried. Puede haber delictos que no afecten a un bien jurídico penal? In: *La Teoría del bien jurídico*: fundamento de legitimación del Derecho penal o juego de abalorios dogmático? Roland Hefendehl (ed.). Madrid: Marcial Pons, 2007.

HEFENDEHL, Roland. Uma teoria social do bem jurídico. Tradução de Luís Greco. In: *Revista Brasileira de Ciências Criminais*, v. 87, novembro de 2010. São Paulo: Revista dos Tribunais, 2010.

——. El bien jurídico como eje material de la norma penal. In: *La Teoría del bien jurídico*: fundamento de legitimación del Derecho penal o juego de abalorios dogmático? Roland Hefendehl (ed.). Madrid: Marcial Pons, 2007.

HEIDEGGER, Martin. *Ser e Tempo*. Tradução de Marcia de Sá Cavalcante Schuback. Rio de Janeiro: Vozes, 2006.

HESSE, Konrad. Significado de los derechos fundamentales. Tradução de Antonio López Pina. In: *Manual de Derecho Constitucional*. 2. ed. Madrid-Barcelona: Marcial Pons, 2001.

HORMAZÁBAL MALARÉE, Hernán. *Bien jurídico y Estado social y democrático de derecho*: el objeto protegido por la norma penal. 2. ed. Santiago del Chile: Conosur Editorial Jurídica, 1992.

KNUDSEN, Holger. Incesto entre irmãos e o Tribunal Federal Constitucional: a decisão de 26.02.2008 nos limites entre dignidade humana e os interesses da dogmática jurídica e da sociedade. In: *Revista Mestrado em Direito*, ano 9, n. 01. Osasco: Edifieo, 2009.

KUHLEN, Lothar. *La interpretación conforme a la Constitución de las leyes penales*. Tradução de Nuria Pastor Muñoz. Madrid: Marcial Pons, 2012.

LAGODNY, Otto. El Derecho Penal sustantivo como piedra de toque de la dogmática constitucional. Tradução de Íñigo Ortiz de Urbina Gimeno. In: *La Teoria del Bien Jurídico*: fundamento de legitimación del derecho Penal o juego de abalorios dogmático? Roland Hefendehl (ed.). Madrid: Marcial Pons, 2007.

LARENZ, Karl. *Derecho justo: fundamentos de la ética jurídica*. Tradução de Luis Díez-Picazo. Madrid: Civitas, 2001.

LISZT, Franz von. *Tratado de direito penal alemão*. Campinas: Russel, 2003.

LOPES, Mauricio Antonio Ribeiro. *Critérios constitucionais de determinação dos bens jurídicos penalmente relevantes*. 1999. Tese (Livre Docência em Direito Penal) – Faculdade de Direito da Universidade de São Paulo, São Paulo, 1999.

——. *Direito Penal, Estado e Constituição*. São Paulo: Instituto Brasileiro de Ciências Criminais, 1997.

MAURACH, Reinhart. *Derecho penal*: parte general. Buenos Aires: Astrea, 1994.

MENDES, Gilmar Ferreira. Os direitos fundamentais e seus múltiplos significados na ordem constitucional. *Revista Diálogo Jurídico*, jan. 2002. Disponível em: www.direitopublico.com.br. Acesso em: 12 de Janeiro de 2012.

MILARÉ, Edis. *Direito do ambiente*. 2. ed. São Paulo: Revista dos Tribunais, 2001.

MIRANDA, Jorge. *Contributo para uma teoria da inconstitucionalidade*. Coimbra: Coimbra Editora, 1996.

——. *Manual de Direito Constitucional*, tomo IV, Coimbra Editora, 1988.

MIRANDA RODRIGUES, Anabela. *A determinação da medida da pena privativa de liberdade*. Coimbra: Coimbra Editora, 1995.

MIR PUIG, Santiago. *Bases Constitucionales del Derecho Penal*. Madrid: Iustel, 2011.

MUÑOZ CONDE, Francisco. Protección de bienes jurídicos como limite constitucional del Derecho Penal. In: *El nuevo derecho penal español*. Estudios penales en memoria del profesos José Manuel Valle Muñiz. Pamplona: Aranzadi, 2001.

NEPPI MODONA, Guido. Il sistema sanzionatorio: considerazioni in margine ad un recente schema di riforma. In: *Rivista Italiana di Diritto e Procedura Penale*. Nuova Serie, anno XXXVIII, abril-junho de 1995. Milano: Dott A. Giuffrè Editore, 1995.

NUVOLONE, Pietro. *Il sistema del diritto penale*. 2 ed. Padova: CEDAM, 1982.

——. *Norme penali e principi costituzionali*. Milano: Dott. A Giuffrè Editore, 1957.

OTERO, Paulo. Pessoa Humana e Constituição: contributo para uma concepção personalista do Direito Constitucional. *In: Pessoa Humana e Direito*. Coordenação de Diogo Leite de Campos e Silmara Juny de Abreu Chinellato. Coimbra: Almedina, 2009.

PAGLARIO, Antonio. *Principi di Diritto Penale*, parte generale. 7. ed. Milano: Dott. A. Giuffrè Editore, 2000.

PALAZZO, Francesco. *Corso di Diritto Penale*. Terza Edizione. Torino: G.Giappichelli Editore, 2008.

——. *Costituzionalismo penale e diritti fondamentali*. In: Diritti, Nuove Tecnologie, Trasformazioni Sociali: scritti in memoria di Paolo Barile. Milano: CEDAM, 2003.

——. Direito Penal e Constituição na experiência italiana. In: *Revista Portuguesa de Ciência Criminal*, ano 09, Fascículo 1, Janeiro-Março de 1999. Coimbra Editora: 1999.

——. *Valores constitucionais e direito penal*. Porto Alegre: Sergio Antonio Fabris, 1989.

PALMA, Maria Fernanda. *Annuaire International de Justice Constitutionnelle*, XXVI, extraits, Institut Louis Favoreu, 2011.

——. Constituição e Direito Penal. In: *Casos e Materiais de Direito de Penal*. Coordenação: Maria Fernanda Palma, Carlota Pizarro de Almeida e José Manuel Vilalonga. Coimbra: Livraria Almedina, 2002.

——. *Direito Constitucional Penal*. Coimbra: Almedina, 2006.

PECES-BARBA, Gregorio. *Teoria dei Diritti Fondamentali*. Milano: Giuffrè Editore, 1993.

PEREIRA, Rui Carlos. *O crime de aborto e a reforma penal*. Lisboa: Associação Académica da Faculdade de Direito de Lisboa, 1995.

PEREIRA DA SILVA, Jorge. *Dever de legislar e protecção jurisdicional contra omissões legislativas*. Lisboa: Universidade Católica Editora, 2003.

PÉREZ LUÑO, Antonio-Henrique. Nuevos retos del Estado constitucional: valores, derechos, garantias. In: *Cuadernos Democracia y Derechos Humanos*. Sevilla: defensor del pueblo, 2010.

——. *Los derechos fundamentales*. 6. ed. Madrid: Ed. Tecnos, 1995.

PIZARRO DE ALMEIDA, Carlota. Algumas Considerações sobre o acórdão 211/95 do Tribunal Constitucional. In: *Casos e Materiais de Direito de Penal*. Coordenação: Maria Fernanda Palma, Carlota Pizarro de Almeida e José Manuel Vilalonga. Coimbra: Livraria Almedina, 2002.

PRADO, Luis Regis. *Bem jurídico penal e constituição*. 3. ed. São Paulo: Revista dos Tribunais, 2003.

PRIETO SANCHÍS, Luis. *Justicia Constitucional y derechos fundamentales*. Madrid: Editorial Trotta, 2003.

PULITANÒ, Domenico. Politica Criminale. In: *Diritto Penale in trasformazione* – a cura di G.Marinucci e E. Dolcini. Milano: Dott. A. Giuffrè Editore, 1985.

——. Obblighi costituzionali di tutela penale? In: *Rivista Italiana di Diritto e procedura penale*, ano XXVI, fascículo 2, aprile-giugno, 1983. Milano: Dott. A. Giuffrè, 1983.

RAMÓN RECUERO, José. *En defensa de la vida humana*. Madrid: Biblioteca Nueva, 2011.

REIS NOVAIS, Jorge. *Os princípios constitucionais estruturantes da República Portuguesa*. Coimbra. Coimbra Editora: 2011.

——. *Direitos Sociais*: teoria Jurídica dos Direitos Sociais enquanto direitos fundamentais. Coimbra: Coimbra Editora, 2010.

ROCCO, Arturo. *L´oggetto del reato e della tutela giuridica penale*: contributo alle teoria generali del reato e della pena. Milano, Torino, Roma: Fratelli Bocca Editori, 1913.

ROSSI, Paolo. *Lineamenti di Diritto Penale Costituzionale*. Palermo: G. Priulla Editore, 1953.

ROXIN, Claus. *Derecho Penal, parte general*, tomo I. Tradução da 2 edição alemã, por Diego-Manuel Luzón Peña. Madrid: Editorial Civitas, 1997.

SAMPAIO SILVA, Clarissa. *Direitos Fundamentais e relações especiais de sujeição*: o caso dos agentes públicos. Belo Horizonte: Editora Fórum, 2009.

SARLET, Ingo Wolfgang. Constituição e proporcionalidade: o direito penal e os direitos fundamentais entre proibição de excesso e de insuficiência. *Revista da Ajuris*, Porto Alegre, n. 98, Jun. 2005.

——. *A eficácia dos direitos fundamentais*. 2. ed. Porto Alegre: Livraria do Advogado, 2001.

SCALIA, Antonin. *A matter of interpretation: federal courts and the law*: an essay. Princeton: Princeton University Press, 1997.

SCHWABE, Jürgen. *Cinqüenta anos de Jurisprudência do tribunal Constitucional Alemão.* Tradução de Beatriz Hennig e outros. Montevideo: Fundación Konrad-Adenauer, 2005.

SCHÜNEMANN, Bernd. *El derecho penal es la ultima ratio para la protección de bienes jurídicos!* Sobre los límites inviolables del derecho penal en un estado liberal de derecho. Tradução de Ángela de la Torre Benítez. Bogotá: Universidad Externado de Colombia, 2007.

——. El principio de protección de bienes jurídicos como punto de fuga de los límites constitucionales de los tipos penales y de su interpretación. In: *La Teoría del bien jurídico*: fundamento de legitimación del Derecho penal o juego de abalorios dogmático? Roland Hefendehl (ed.). Madrid: Marcial Pons, 2007.

——. Del Derecho Penal de la clase baja al Derecho Penal de clase alta: Un Cambio de paradigma como exigencia moral? In: *Temas actuales y permanentes del Derecho Penal después del milenio.* Madird: Editorial Tecnos, 2002.

——. Sobre la dogmática y la politica criminal del derecho penal del medio ambiente. In: *Temas actuales y permanentes del Derecho penal después del milenio.* Madrid: Editorial Tecnos, 2002.

SEHER, Gerhard. La legitimación de normas penales basada en principios y el concepto de bien jurídico. In: La *Teoría del bien jurídico: fundamento de legitimación del Derecho penal o juego de abalorios dogmático?* Roland Hefendehl (ed.). Madrid: Marcial Pons, 2007.

SHAPIRO, Ian. El derecho constitucional en materia de aborto en Estados Unidos: una introducción. Tradução de Victoria Roca. In: *La Suprema Corte de Estados Unidos y el aborto.* Madrid: Fundación Coloquio Jurídico Europeo, 2009.

SILVA DIAS, Augusto. *«Delicta in Se» e «Delicta Mere Prohibita»*: uma análise das descontinuidades do ilícito penal moderno à luz da reconstrução de uma distinção clássica. Coimbra: Coimbra Editora, 2008.

——. *Direito Penal–Parte especial*: Crimes contra a vida e a integridade física – Sumários das aulas da disciplina de Direito Penal III. 2. ed. Lisboa: Associação Académica da faculdade de Direito de Lisboa, 2007.

——. *A estrutura dos direitos ao ambiente e à qualidade dos bens de consumo e sua repercussão na teoria do bem jurídico e na das causas de justificação.* Separata de Jornadas em homenagem ao Professor Doutor Cavaleiro de Ferreira. Lisboa, FDUL, 1995.

SILVA, José Afonso. *Curso de direito constitucional positivo.* 13. ed. São Paulo: Malheiros, 1997.

SINISCALCO, Marco. *Giustizia penale e Costituzione.* Torino: Edizione RAI, 1968.

SOUSA E BRITO, José de. *A lei penal na Constituição.* Separata dos estudos sobre a Constituição, volume 2. Lisboa: Biblioteca da faculdade de Direito, 1978.

SOUSA MENDES, Paulo de. *Vale a pena o Direito Penal do ambiente?* Lisboa: Associação Académica da Faculdade de Direito de Lisboa, 2000.

O BEM JURÍDICO-PENAL

STELLA, Frederico. *La teoría del bene giuridico e i c.d. fatti inoffensivi conforme al tipo*. In: Rivista Italiana di diritto e procedura penale. Nuova série, ano XVI. Milano: Dott. A. Giuffrè Editore, 1973.

STERNBERG-LIEBEN, Detlev. *Bien jurídico, proporcionalidad y libertad del legislador penal*. In: La Teoría del bien jurídico: fundamento de legitimación del Derecho penal o juego de abalorios dogmático? Roland Hefendehl (ed.). Madrid: Marcial Pons, 2007.

STRECK, Lenio Luiz. Da proibição de excesso (Übermassverbot) à proibição de proteção deficiente (Untermassverbot): de como não há blindagem contra normas penais inconstitucionais. *Revista da Ajuris*, Porto Alegre, n. 97, mar. 2005.

TIEDEMANN, Klaus. *Derecho Penal y nuevas formas de criminalidad*. Tradução de Manuel A. Abanto Vásquez. Lima: Idemsa, 2000.

TOMÁS-VALIENTE, Carmen. *La Jurisprudencia Constitucional española sobre el aborto*. In: La Suprema Corte de Estados Unidos y el aborto. Madrid: Fundación Coloquio Jurídico Europeo, 2009.

TRIBE, Laurence; DORF, Michael. *Hermenêutica constitucional*. Tradução de Amarílis de Souza Birchal. Coordenação e supervisão de Luiz Moreira. Coleção Del Rey Internacional. Belo Horizonte: Del Rey, 2007.

VASCONCELOS, Pedro Pais de. A posição jurídica do pai na interrupção voluntária da gravidez. In: *Pessoa Humana e Direito*. Coordenação de Diogo leite de Campos e Silmara Juny de Abreu Chinellato. Coimbra: Almedina, 2009.

VIEIRA DE ANDRADE, José Carlos. *Os direitos fundamentais na Constituição Portuguesa de 1976*. Coimbra: Livraria Almedina, 1987.

——; CUERDA ARNAU. *El debate acerca de la legalización del aborto*. Valencia: Tirant lo Blanch, 2012.

VIVES ANTÓN, Tomás S. *Fundamentos del sistema penal*: acción significativa y derechos constitucionales. 2 edición. Valencia: Tirant to Blanch, 2011.

ZAFFARONI, Eugenio Raúl. *Derecho Penal*: parte general. 2. ed. Buenos Aires: Ediar, 2002.